英語の品格

石井隆之・白石よしえ【著】

三修社

はじめに

　『○○の品格』というタイトルの本が流行っています。この本も、そうではないの! と言われそうですが、その通りです。しかし、ほかの品格本と違う点が6つあります。これがそのまま、本書の特長となっています。

　まず、『品格』という言葉の分析を試みている点が異なっています。『英語の品格』というタイトルなので、品のある英語を紹介している面もありますが、それが主な目的であれば『品格の英語』のほうがぴったりのタイトルです。本書では、『品格』という言葉とその意味に注目することからスタートします。『品格』を「品」と「格」に分け、それぞれどういう意味を持っているのかを論じています。この分析は序章で扱っています。

　第2に、この本は、単なる教養書ではなく、新しいコンセプトを紹介する啓蒙書でもある点がユニークです。本書では、英文の丁寧度と正式度を組み合わせた品格度という概念を提唱しています。使える英文にはすべて品格度を示しています。第1章が啓蒙書的な意味合いを持ちます。

　第3に、この本は、教養書、啓蒙書としての機能のほかに、ビジネスで英語を使う人たちにも役立つ表現を紹介する実用書としての役割も十分果たしています。いくつかの場面を設定し、複数の表現方法を示しています。表などを利用して、わかりやすく説明しています。第2章で、ビジネス表現を扱っています。

　第4の特長は、人間活動の核を構成する「感情」に注目し、感情を10

はじめに

分類して、英語に翻訳しにくい感情に関わる表現を複数示しています。人間は理性があるので人間らしいともいえますが、我々の日常生活には、さまざまな感情が渦巻き、これを無視して、人間は語れないからです。この感情表現は、第3章で取り上げています。

第5に、英語を言語学的に分析すると、その品格が見えてくるという新たな考え方を示した点です。これは英語関連類書にも見られないユニークな視点であると自負しています。第4章を読んでいただければ、英語の本質がわかるだけでなく、英語そのものの品格が見えてくるはずです。

最後に、『品格』という言葉からイメージできるイギリス貴族の英語に注目している点が、画期的な特長といえます。今回ラッキーなことに、元イギリス貴族であるベニシア・スタンリースミスさんに独占インタビューする機会がありました。

このインタビュー内容は、コラムとして、本書の随所に組み込んでいます。インタビューは、白石よしえが行いました。つまり、本書の本章（第1章から第4章）で、『品格の英語』の理論と実践を展開し、さらに貴族の英語の情報を満載したコラムで、イギリス貴族の言葉に新たな感動を覚えるように、本書が編まれており、全体として『英語の品格』というタイトルにふさわしいものになっています。この品格のある英語をコミュニケートするための理論と実践という縦糸と、教養を深めるコラムの横糸が、エレガントに織り成す効果により、本書は単調な感じはせず、楽しく読めるはずです。

本書の序章、第1章から第4章、付録は、石井隆之が、各章に散りばめられたコラムとあとがきを白石よしえが執筆しました。

本書は、序章で、石井が＜言葉＞の視点から『品格』を分析し、あとがきで、白石が＜こころ＞の視点から、言語心理学的発想で、『品格』をまとめています。本書を通じて、英語と品格の関わりを発見し、品格のある英語表現を身につけつつ、品格のある生き方そのものに対するヒントが得られれば、著者として望外の喜びです。

石井隆之

目 次

CONTENTS

はじめに …………………………………………………………… 3

序章 品格とは何か？ ⑨

品格者は総合的 ………………………………………………… 10

流動的な「品」と固定的な「格」 ……………………………… 10

日本人特有の不適切な表現 …………………………………… 13

「下品」と「品がない」は違う ………………………………… 15

＊イギリス上流階級の「品格ある」英語 vol.1 ……………… 17
～決して聞いてはいけない2つの質問～

＊イギリス上流階級の「品格ある」英語 vol.2 ……………… 19
～親が子に伝える決して使ってはいけない表現(1)～

第1章　英語と品格 ㉑

英語で「品格者」を考える ……………………………………… 22

「品」の英語、「格」の英語 …………………………………… 23

「心」と「話す」という行為の関係 …………………………… 24

品にも知的なものと情的なものがある！ …………………… 25

知的な格と情的な格 …………………………………………… 26

なぜsensitiveが品で、sensibleが格なのか？ ……………… 27

言葉の「品」を考える ………………………………………… 28

4つのパターンは英語の形容詞で表せる …………………… 29

品の尺度と礼の尺度 …………………………………………… 31

レベル5の特徴は3つある！ …………………………………… 34

目 次

礼のレベルは状況により変化する …………………… 35
品のレベルが低い俗語の使い方 …………………… 36
「食べる」の表現で、英語と日本語の違いを知ろう! …… 37
日本語の「ね」と「よ」の効果 …………………… 38
勧めることと頼むこと …………………… 40

＊イギリス上流階級の「品格ある」英語 vol.3 …………… 42
〜親が子に伝える決して使ってはいけない表現(2)〜

＊イギリス上流階級の「品格ある」英語 vol.4 …………… 44
〜親が子に伝える決して使ってはいけない表現(3)〜

第2章　ビジネス場面の品格表現 ㊺

依頼　その1（REQUESTING） …………………… 48
依頼　その2（REQUESTING） …………………… 50
対応　その1（RESPONDING） …………………… 53
対応　その2（RESPONDING） …………………… 55
謝罪　その1（APOLOGIES） …………………… 57
謝罪　その2（APOLOGIES） …………………… 59
苦情　その1（COMPLAINING） …………………… 62
苦情　その2（COMPLAINING） …………………… 64
公式発表　その1（OFFICIAL ANNOUNCEMENT） …… 66
公式発表　その1（OFFICIAL ANNOUNCEMENT） …… 68
感謝（GRATITUDE） …………………… 70
お祝い（CONGRATULATIONS） …………………… 72
お悔やみ（CONDOLENCES） …………………… 74
まとめ …………………… 76

＊イギリス上流階級の「品格ある」英語 vol.5 …………… 79
〜要注意!　貴族が絶対に使わない表現〜

CONTENTS

第3章　品格のある感情表現 ⓼③

- 喜びの感情表現 ………………………………… 91
- 悲しみの感情表現 ……………………………… 94
- 怒りの感情表現 ………………………………… 96
- 驚きの感情表現 ………………………………… 98
- 落胆の感情表現 ………………………………… 100
- 感動の感情表現 ………………………………… 102
- 興味の感情表現 ………………………………… 104
- 激励の感情表現 ………………………………… 106
- 他者評価の感情表現 …………………………… 108
- 自己評価の感情表現 …………………………… 110
- まとめ …………………………………………… 112
- *イギリス上流階級の「品格ある」英語 vol.6 ………… 114
  〜家庭の会話もやっぱり違うのが貴族〜

第4章　英文法の世界と品格 ⑪⑰

1 英語の本質を探る …………………………… 118
- 1文字からなる単語を考える ………………… 118
- 1文字語のaで単語の本質がわかる! …………… 119
- 1文字語のIで単語の本質がもっとわかる!! ……… 120
- 1文字語の接尾辞sで単語の本質がさらにわかる!!! ……… 121
- そこで、英語の本質は? ……………………… 123

2 英語の品詞は奥深い …………………………… 125
- 英語の品は品詞と関係がある! ………………… 125
- 英語の品詞の種類 ……………………………… 125
- 英語の品詞の語順 ……………………………… 126

目 次

　　基本6品詞は密教的? …………………………………… 127
　　なぜ、名詞が「地」、形容詞が「水」なのか? ………… 128
　　形容詞は「化粧詞」、副詞は「服詞」 ………………… 129
　　ではなぜ、副詞が「火」なのか? ………………………… 130
　　冠詞が「風」である理由 ………………………………… 131
　　前置詞はとっても不思議な品詞　その1 …………… 132
　　前置詞はとっても不思議な品詞　その2 …………… 133
　　ではなぜ、前置詞が「空」なのか? …………………… 134
　　動詞は「識」に関係する! ……………………………… 134
　　助動詞が「識」なのはなぜか? ………………………… 135

3 英語の「品」とは何か? …………………………… 137
　　六大の順に品詞が並ぶ ………………………………… 137
　　日本語は助動詞まみれ? ……………………………… 138
　　英語は助動詞が、日本語は動詞が品に関わる! ……… 139

4 英語の「格」を考える …………………………… 141
　　名詞・代名詞の品格 …………………………………… 141
　　アルファベットの不思議　その1 …………………… 142
　　アルファベットの不思議　その2 …………………… 143

　　＊イギリス上流階級の「品格ある」英語 vol.7 ………… 145
　　　〜日常レベルの名詞も違う!?〜

あとがき ……………………………………………………… 148
付録　お勧めの品格表現24 ………………………………… 151

序章

品格とは何か？

品格者は総合的

　人と会うときにまったく身なりを気にしない女性よりも、適度に身なりを意識する女性のほうが、品格があるといえるでしょう。たとえば、化粧は品格を高める手段の1つと考えられます。しかし、その品格を高めるための化粧を電車の中で堂々としておられる女性の品格は高いといえそうにありません。

　上品な言葉遣いをする人は品格のある人（本書では「品格者」と呼ぶ）でしょう。しかし、友達の前でも上品な言葉を使い続けるならば、むしろ空気が読めない人と思われるのではないでしょうか。

　常に澄まして上品そうな人でも、言葉遣いが悪いと一気にさめますね。また、言葉遣いが上品でも、部屋の中が散らかっていたら、とても品格ある人とはいえないかもしれません。

　つまり、品格者は、総合的なものであるということで、1つをとって品格者とはいえないのです。

流動的な「品」と固定的な「格」

　真の品格者とは何かを考えるために、「品格」という単語に注目してみます。「品格」の「品」と「格」は、異なる概念です。『漢字源』（学習研究社）で漢字の語源を探ってみましょう。

　「品」という漢字は、口が3つ集まった形ですが、口は名前を呼ぶための体の器官ということから、「名前」の意味になり、それが3つ集まることで、たくさんの名前という意味に発展します。名前は、どんなものにもつけられるので、次第に「品」はいろいろなものという意味になってきました。

いろいろなものは同じではなく、それぞれに違い、レベルの差が生じます。その結果「等級」の意味ももつようになりました。やがて、「品」は、等級の高さを象徴するようになります。そして、「品格」はもちろん、「品位」や「品性」という単語も生まれたのです。

　ところで、先に品格は総合的なものだと述べましたが、「等級」を意味する「品」も総合的なものだと考えてよいでしょう。そして「品」には、身の品(ひん)、口の品(ひん)、意の品(ひん)の3つがあると、私は考えています。

　身の品とは、体の使い方に焦点を当てた品で、身なり（服装や化粧）や身振りのレベルをいい、口の品とは、言葉の使い方に関する品で、「どのような」（＝ what）言葉を使うかと「どのように」（＝ how）言葉を使うかに関するものです。最後の意の品とは、頭の使い方に着目した品で、考える内容（what）や方法（how）のレベルを指します。

　一方、「格」という漢字はどうでしょうか。「各」の上の部分「久」に近い形は「足」を表し、下の部分の「口」は四角い石を表します。

　だから「各」の意味は「足が固い石につかえて止まってしまった様子」を表していました。「格」の左の「木」は、木を表しますので、「格」は「ものをつかえて止める硬い木」（または「何かにつかえて止まった硬い木」）の意味をもっていたと思われます。

　よって「格」は止まった状態を表し、人についていえば、先天的であれ、後天的であれ、一つの決まった状態を意味するようになったのです。

　これまでのお話から、「品」は流動的であるのに対し、「格」は固定的であることがわかりますね。品格を「品」と「格」に分けて、整理してみましょう。

表1 品と格

品: 流動的な等級	身の品	体の使い方	身なり(服装や化粧)
			身振り
	口の品	言葉の使い方	内容(どのような言葉を使うか)
			方法(どのように言葉を使うか)
	意の品	頭の使い方	内容(どのようなことを考えるか)
			方法(どのように考えるか)
格: 定着した資質	先天的な格	生まれ	貴族、高貴な生まれ
	後天的な格	資格	努力の結果としての形。免許のようなもののみならず、学歴(学位など)も含む
		人格	トータルに判断される人の格

品格が「品」と「格」に分解できるということは、人間の状態を「品のある人」「品のない人」「格のある人」「格のない人」の4つに分析できるということです。それぞれどのような人なのかは、表1から判断できそうですね。「品」と「格」に分けて、表にまとめてみました。

表2 品のある人、品のない人

			品のある人	品のない人
品	身の品	身なり	身なりが適切な人	適切でないか、服を着てない人
		身振り	身振りが適切な人	適切でない人か、身振りのない人
	口の品	内容	話す内容が適切な人	話す内容が不適切か、話す内容のない人
		方法	話す方法が適切な人	話す方法が不適切か、話す方法がない人
	意の品	内容	考えが適切な人	考えが不適切か、考えがない人
		方法	考え方が適切である人	考え方が不適切か、考えるための方法がない人

表3　格のある人、格のない人

		格のある人	格のない人
格	先天的	高貴な生まれの人	高貴な生まれでない人
	後天的	学歴の高い人 資格の多い人 総合評価としての人格者	学歴のない人 資格のない人 人格者でない人

日本人特有の不適切な表現

　これまでのお話から、人間として目指すべきなのは、品のある人、格のある人であることは明らかですね。

　しかし、格は固定的なので、格のある人を目指すのは困難です。先天的な格、たとえば、貴族の格に生まれることは、普通の家に生まれてしまった後では、不可能ですね。努力して、高学歴や資格を身につければ、（後天的な意味で）格のある人になりますが、一朝一夕に格を得ることはできません。これに対して、普段の心構え1つで、品のある人になることができます。

　品のある人といっても、さまざまな視点があるので、本書では、「口の品」に焦点を当て、特に英語表現を題材に、さまざまな品のある表現を考えます。

　たとえば、日本人の中には、紹介されて初めて出会った外国人に対し、次のように言ってしまう人がいます。

　　How old are you?　（あなたは何歳ですか?）
　　Are you married?　（あなたは結婚していますか?）

一見普通の疑問文ですが、これは非常に個人的な質問で、初めての人には極めて失礼になります。（初めてでなくてもけっこう失礼ですが…）

　日本社会では、先輩・後輩の関係で言葉の使い方が変わるため、つい自分と比べようと、相手の年を聞いてしまうのだと思いますが、国際社会では避けるべきです。相手が年齢を言わなければ、その年齢を気にしないようにしましょう。西洋人とは年齢に関係なく、対等に付き合えばいいのです。敬語の使い分け（how）よりも、話す内容（what）が重視されると考えていいでしょう。

　また、女性に対して、敬称のMiss（未婚）かMrs.（既婚）のどちらを使えばよいかを知るために、結婚の有無を聞くような人がいますが、男女平等の観点から、Ms.（未婚、既婚の両方に使える）を使うことが多くなっています。

　相手が若ければMissを使って間違いないでしょう。既婚者であれば、Mrs.と訂正してくれる場合がありますね。でも呼びかけるときはMrs.を強調せず、Ms.を用いたほうがよいでしょう。

　相手が高齢者の場合はMissで呼びかけると、やや失礼です。（中にはうれしく思ったり、ジョークととってくれる人もいるでしょうが…）

　ところで、相手（既婚者）が自己紹介のときに、My name is Elizabeth Pitman. Just call me Liz. などと言っていたら、その直後の会話で相手にどう呼びかければよいか考えてみましょう。

（a）Ms. Elizabeth Pitman
これは正式すぎてよくありません。
（b）Ms. Pitman
これも親しみがありません。
（c）Ms. Elizabeth
これは間違いです。※参照

(d) Pitman

これは敬称（Ms.）なしで失礼です。

(e) Elizabeth

親しみがあり、まあまあです。

(f) Liz

そう呼んでほしいということだからベストな呼びかけです。

※日本語では、「太郎さん」、「メアリーさん」のように、ファーストネームでも敬称をつけるので、それにつられて Mr. John、Ms. Mary などと言ってはいけませんよ。

　(a) は空気が読めていない表現、(c) は無知から来る表現、(d) は感じの悪い表現です。また、年齢を聞いたり、既婚かどうかをチェックする表現、つまり、先ほどの How old are you? や Are you married? は、もちろん感じの悪い表現になります。知らず知らずのうちに、不適切な表現を使用していないか注意しましょう。

「下品」と「品がない」は違う

　これまでお話ししてきた、いきなり年齢を聞いたりすることは、「品がない」ことで、そのような人は「品のない人」ということになります。つまり、無礼な言葉を使ったりする人、知らずに無礼な言い方をしてしまう人は「品のない人」なのです。

　また、名前の呼び方で、空気が読めず、妙に正式に Ms. Elizabeth Pitman などといってしまった人も、「品のない人」です。

　でも、英語そのものに注目すると、How old are you? や Ms. Elizabeth Pitman は文法的に正しい英語です。状況によっては使用していいわけで、これらは「品のレベルが低い（＝下品な）表現」かもしれませんが、「品のない表現」ではありません。実は、このよ

うな言葉を使う人が、常に「品のない人」とは限らないのです。
　「下品」と「品がない」は違います。本書では、このことを強調しています。「下品」は「下の品があること」です。だからレベルの低い品の状態なのです。表にまとめてみましょう。

品がある状態	品がない状態
上品 ↑　この間にいろいろな ↓　レベルが存在する 下品	不適切な表現が 発生する状態

　本書では「品のある人」を目指すことを勧めています。それは単に「上品な人」を目指しなさいということではありません。真に品がある人は、上品から下品まで自由に行き来できる、その場その場で適切な言葉が使える人であると考えています。
　上品な言葉でも、使い方を誤ると、不適切な表現になります。ちょっと困っていそうな親しい友人に、「どうなさいましたか?」と上品に声をかけると、友人は「えっ?」という感じになります。大阪弁なら「どうしたん?」で十分ですね。「どうしたん?」は品のレベルは低いですが、不適切ではなく、会話が立派に成立します。したがって、この話し方をする人は、「品のある人」ということになります。
　テレビのバラエティ番組の名司会者、島田紳助氏は、けっこう下品な言葉を連発することがありますが、その状況に応じて言葉を使い分けています。まじめな討論番組では、まじめな言葉を使っています。これが真に品のある人ということになります。

COLUMN

イギリス上流階級の「品格ある」英語　vol.1
～決して聞いてはいけない2つの質問～

....

　本コラムでは、「品格ある英語」の1つとして、神秘のベールに包まれた「英国上流階級の英語」の一部をご紹介します。「猫のように」好奇心のカタマリになって読んでもらえるとうれしいな。

　ただし、Walk gingerly like cats.（猫のように用心深く）を忘れないで。だって、Curiosity kills the cat.（好奇心は猫をも殺す）というわけだから。でも、A cat has nine lives!（猫は9つの命がある）というから大丈夫かしら!?

　イギリスはいわずと知れた階級社会。その大まかな内訳は、

　　上流階級　　Upper class
　　中流階級　　Middle class
　　労働者階級　Working class

の3つです。正確には中流階級も、

　　お金持ちの中流　　Upper middle class
　　ごく普通の中流　　Middle class
　　労働者階級に近い中流　Lower middle class

の3つに分けることができます。

　それぞれの階級で使う英語や発音がかなり違うので、実際に話していると、意外と言葉だけで所属階級を推測できるものです。

　そして、彼らはそれぞれ自分が所属している階級に誇りをもっていて、「ほかの階級の英語を真似て使う」などという「品格のない」行為は決してしません。社会学者はこのような階級意識を特に「我々意識」us-their feeling と呼んで、「とにかく有名になりたい、お金持ちに

COLUMN

なりたい」と一様に思いがちなアメリカ人によく見られる「出世指向」aspiration の強さと対比させています。

　ところが面白いことに、イギリス人の間でも「階級の差が明確に現れるような質問」はタブーになっているんです。それが、「決して聞いてはいけない2つの質問」だというわけ。その1つは、

　　　Where do you go to school?　（どの学校に行っていますか?）

です。この質問がタブーになってしまうのは、階級と学校のシステムが絡み合っているためなのです。

　日本と同様、イギリスにも公立校 State School と私立校 Public School（= Private School：米）の2種類の学校が存在します。Public School といえばアメリカでは公立校を指すので、少し変な感じがするかもしれませんが、イギリスで Public School と言われたら「私立の学校だ」と覚えておいてくださいね。

　さて、上流階級の子供は、絶対に Public School にしか通いません。つまり Where do you go to school? と聞くことは、ダイレクトに「あなたはどの階級に所属しますか?」と聞くのと同じ意味になってしまうのです。確かに、そう考えると「品のない」質問といえるでしょう。「品のない質問がタブーになる」という文化は、やはり上流階級らしくて、優雅な感じがしますね。

　もう1つのタブーな質問は、

　　　Where do you go to work?　（どこに働きに行っていますか?）

です。貴族は働いていないことも多く、まず、このような質問を貴族にするということ自体、思いつかないのだそうです。むしろ、

　　　What sort of work do you do?
　　　（どんな種類のお仕事をしていらっしゃいますか?）

なら問題ないそうです。

イギリス上流階級の「品格ある」英語vol.2
〜親が子に伝える決して使ってはいけない表現（1）〜

　英国貴族は toilet は使いません！ ── これは、「貴族はお手洗いに行かない」という意味ではありませんよ。

　上流階級に属する人間は「決して toilet という言葉を使ってはいけない」と子供のときから厳しく母親にしつけられている、ということ。実は、ウイリアム王子の恋人のケイトさんのお母様、この言葉をエリザベス女王さまの前で使ってしまって、顰蹙（ひんしゅく）を買ったらしいのです。というのも、toilet はイギリスでは中流階級（middle class）しか使わない表現だから。

　では、いったい上流階級は「お手洗い」のことをどのように表現するのかというと、意外にも lavatory でいいのです。もしくは、powder room でも OK。ただこの場合、主にホテルなど自宅以外の「お手洗い」を指すんですね。上流階級に属する人々が、通常、最もよく使うのは loo という表現なのだけれど、きっと初めて聞く人も多いのでは？　ちなみに発音はフランス語の水を表す l'eau と同じです。loot と l'eau は同じ語源かも？？？

　それでも、貴族らしく上品に「お手洗いに行ってくるね」と伝えたければ、決して、

　　I think I will go to the loo.
のように直接的には言わないでくださいね。

　　I'll be back.（すぐに戻ってくるわ）
と婉曲に表現しましょう。やんわりと伝えるのですね。優雅でかっこいいですね。間違っても pee「おしっこ」とか言っちゃあ、絶対にだめ！

COLUMN

　一方、労働者階級では「お手洗い」を表すのに lavatory、WC、bog、John、Khasi とさまざまな表現が使われています。John は隠語で「男性性器」を指す場合があるからでしょうか、Long John や Big John などといった名前のパブをイギリスでよく見かけた思い出が…。

　「お手洗い」を表す表現に関して興味深いことは、上流階級と労働者階級がともに lavatory を使っているところ。中流階級だけが、言葉では取り残されたのかしら。もっとも母音の発音がまったく違うので、同じ単語でも、まったく違って聞こえてくるはずですね。
　ちなみにアメリカ英語では、lavatory、restroom、bathroom などと表現します。アメリカ人に、
　　Where's the bathroom?
と言われて銭湯に連れて行ったなんて笑い話があるけど、実は私も高校生のときにやってしまいましたぁ。当時の日本には、まだ銭湯が今よりもずっとたくさんあったのです。
　ちなみに銭湯は、a public bath、a bathhouse です。実は西洋的には、歴史的にちょっといかがわしいイメージももっている単語なんですが、その話はまた、別の機会にゆずりましょう。

第1章

英語と品格

英語で「品格者」を考える

　本書では「品のある人」と「格のある人」をまとめて「品格者」と呼んでいます。「格」を身につけるには時間がかかりますが、「品」は心の持ち方で、すぐに身につけることが可能です。
　さて、品格者を英語でどう表現できるでしょうか。辞書によれば、「品」に関する表現として、次のようなものが挙げられています。

　品のある人
　　a dignified person ⇔ an undignified person
　　a distinguished person
　品がよい
　　refined ⇔ unrefined/coarse
　彼女の立ち振る舞いは品がよい。
　　She has graceful manners.
　彼女は品がある。※参照
　　She has class.
　彼はたいそう品がある。
　　He has grace and dignity.
　品の悪い言葉
　　vulgar/coarse language
　うそをつくと品が下がるよ。
　　You degrade yourself when you lie.

※ have a class と have class の違いに注意。have class の表現は混乱しやすいため、real などの形容詞をつけることが多い。
　She has real class.（彼女は[本物の]品がある）
　この have (real) class という表現は、口語です。

cf. 1. She has a class.
　　（彼女には［教えるための］クラスが1つある）
　 2. She takes a class.
　　（彼女は［学ぶための］授業が1つある）

　X has class. で「Xは品格者だ」を表します。割合に簡単な表現ですね。これは、本書の一押し表現ですよ。「品」には「等級」の意味がありますが、class にも「等級」の意味があるからです。

　もう1つ、degrade という単語に注目したいと思います。この単語は、＜ de + grade ＞に分析できますが、＜ de ＞は「下」の意味で、grade は「等級」の意味になります。したがって、degrade は文字通り、「品位が下がる」という意味になります。

TIPS

de の意味は「下」と「脱」
depreciate → de［下］+preci［価値］+ate［する］ → 見下げる
deodorant → de［脱］+odor［臭］+ant［もの］ → 　脱臭剤
※２つ目の de は［出］の意味で、偶然音が一致しています。

「品」の英語、「格」の英語

　序章で述べたことを別の角度からまとめると、「品」とは流動的なので「心」で、「格」とは型がある「形」であるということになります。逆に言えば、心の持ち方次第で、品を向上させることができるわけです。

　格は生まれ（nature）に関わりますが、品は育ち（nurture）に関わっています。貴族という格で生まれても、育ちが悪ければ品は落ちます。逆に、生まれが高貴でなくても、心が美しければ品のよさがにじみ出ます。

言葉の世界を考えると、言葉の形（＝言葉の格）は、論理（logic）といえます。一方、言葉の心（＝言葉の品）は、感性（feelings）でしょう。

　言葉は、元来心の中から現れるものです。言葉で表されたものを英語でexpression（表現）といいますが、これは、心の中からpress（押されて）、ex（出てきた）ものという意味です。

> **TIPS**
>
> **exの意味**
> exには「外へ（出て）」という意味があります。
> exit（出口）
> export　[ex]（から出る）＋[port]（港）→輸出する

　格は先天的なものなので素質（aptitude）と関係があり、品は後天的で比較的改善が容易な態度（attitude）に関連しています。

表4　品と格を英単語で表すと……

	UREで終わる単語	UDEで終わる単語	言葉に関わる単語
品（心）	nurture（育ち）	attitude（態度）	feelings（感性）
格（形）	nature（生まれ）	aptitude（素質）	logic（論理性）

　上の表から「品」のある人は、育ちがよくて、態度がよくて、感性が鋭い人ということになります。一方、「格」のある人は、生まれがよくて、素質があって、言葉に論理性がある人ということになるのです。

「心」と「話す」という行為の関係

　先ほど、英語のexpressionの話をしましたが、日本語にも「心」

という言葉と、「話す」という行為に深い関係があることが、語源の観点から説明できます。

「心」という言葉の語源は、「凝る」で、「コル」が「ココル」となり、これが名詞化されたのが「ココロ」のようです。「凝る」は「凝り固まる」ということで、人間は、心の中に凝り固まったもの（＝考えや感情）があり、それを開放する手段が「話す」ということです。

心に凝り固まったものを、離して、放す行為が「話す」ということにほかならないのです。「話す」は「離す」や「放す」と同語源だと思われるのです。

英語では心にあるものを「押し出す」のに対し、日本語では心にあるものを「引き離す」ということですね。

品にも知的なものと情的なものがある!

心には、少なくとも「知的側面」と「情的側面」があります。英語では、心を意味する単語は、mindとheartの2つがありますが、これは、それぞれ「心の知の部分」と「心の情の部分」を意味しています。

品が心であれば、品にも「知的な品」と「情的な品」があるのではないかと私は考えています。「知的に品がある」と「情的に品がある」を表す形容詞が英語に存在します。それは、次のようなものです。

　　知的に品がある　→　intellectual
　　情的に品がある　→　sensitive

我々は、品のある人を目指すなら、知的には「インテレクチュアル」で、情的には「センシティブ」な人が目標です。

知的な格と情的な格

　形が定まった「格」にも、知的なものと情的なものがあるのではないかと思われます。私は、次のように考えています。

　　知的に格がある　→　intelligent
　　情的に格がある　→　sensible

intelligent は「賢い」という意味で、動物にも使えます。

　　Dolphins are intelligent.（イルカは賢い）

一方、intellectual は「知的生活をする」というように訳せる形容詞で、動物には使えません。確かに日本語でも変ですね。

　　Dolphins are intellectual.（イルカは知的生活をする）

　格とは、形のある一定の決まった水準といえるので、知的側面の格は、やはり一定水準の（先天的な）賢さを意味する intelligent という単語が似合っています。

　一方、頭がよいだけでなく、生き方が知的であることを暗示する intellectual は、「品のよい知性」を意味すると考えて間違いないでしょう。

なぜ sensitive が品で、sensible が格なのか？

　情的な面で挙げた単語に注目してみましょう。私は、「情的に品がある」は sensitive、「情的に格がある」は sensible という単語が表していると述べましたが、まず、この単語の意味を辞書で確認してみましょう。

　　sensitive　感受性が高い
　　sensible　　分別のある

　感受性の高い人は、人の気持ちがわかり、同じ目線で常に相手の立場を感性で感じ取ります。心の動きに敏感な人は、まさに「情的な品がある人」といえるでしょう。sensitive が品と関係しているのが納得できますね。
　分別のある人は、上からの目線で、常に落ち着いています。まさに情的な「格」（静的な人格）を暗示します。sensible が格と関係しているのはわかるのではないでしょうか。
　まとめておきましょう。

表5　品と格と知と情の関係

知的品	intellectual	情的品	sensitive
知的格	intelligent	情的格	sensible

　我々は、できれば intelligent で sensible な面も備わった、intellectual にして sensitive な人を目指すとよいということになります。

言葉の「品」を考える

　言葉の使い方と「品」との関係を少し考えてみましょう。たとえば、あなたが大学生として、授業でお世話になっている先生が困った様子であるのを見かけたとしましょう。どのように声をかけるかで、あなたの「品」がわかります。

　このような状況では、大雑把に4つのパターンが考えられますよ。

　　第1パターン　先生、どうされたのですか。
　　第2パターン　先生、どうしたの?
　　第3パターン　なんかあったん?
　　第4パターン　僕が何かしましたか?

　第1パターンのような語りかけは、極めて自然ですね。品がある言葉といえるでしょう。第2パターンは、品のレベルが下がりますが、先生としては、感じ悪いと感じることはあまりないと思います。

　問題は、第3パターン。あまりになれなれしい感じがしますね。このパターンは、先生に話しかけるにはやや無礼でしょう。

　ひとこと言っておきますが、私は、大阪弁を批判しているのではありません。友達同士なら、「なんかあったん?」という表現は、関西では極めて自然です。（私も大阪人ですから、実は、この表現は温かみがあって大好きなんですよ!）

　第4のパターンは、深読みしてしまったようですね。何もそこまで言わなくてもいいでしょう。自己中心的な学生、または、卑屈になりすぎた学生の言葉かもしれません。いずれにしても「空気が読めていない」ですね。このパターンには、先生の様子にお構いなしに「先生、僕うれしいことがあったんです」といきなり自分のことを言うなど、

相手のことが読めていないような発言も含まれます。

4つのパターンは英語の形容詞で表せる

　これらのパターンにおける表現は、英語の形容詞1語で表すことができます。

　　第1パターン　polite（丁寧な表現）
　　第2パターン　casual（くだけた表現）
　　第3パターン　impolite（無礼な表現）
　　第4パターン　unsuitable（不適切な表現）

　第1と第2のパターンは、まだ品があるのに対し、第3と第4のパターンは品がありません。
　さて、先ほどの先生が、教え子のpolite（丁寧）な語りかけに、応答するのにも、この4パターンがあります。

　　第1パターン　気遣ってくれてありがとう。何でもありませんよ。
　　第2パターン　聞いてくれるか？　実はな…。
　　第3パターン　お前に関係ないだろ。ほっといてくれ。
　　第4パターン　（学生の言葉を無視して）質問あるの?

　第3パターンは明らかに感じが悪く、第4パターンは2人の関係からは不適切ですね。第3パターンの言葉では、学生は「むっ!」とするでしょうし、第4パターンでは、学生は「えっ?」と思うでしょう。やはり、品格ある先生なら、第1か第2の応答をするでしょう。

ここまでを表にしてまとめておきます。

表6 言葉と「品」の関係

品がある	下品である ------------- [品のレベルが低い] casual （くだけた）	上品である [品のレベルが高い] polite （丁寧な）
品がない	相手を怒らせる ---------- impolite （無礼な） [感じ悪い]	場がしらける unsuitable （不適切な） [空気読めない]

※ polite な言葉は、ビジネス場面では特に formal（格式的）な言葉になる。

序章でも主張しましたが、品格の人は「品がないこと」を避けます。そして、状況によって品のレベルを使い分けることができるのです。

(1) 先生、どうされたのですか。
　　Professor, may I ask you what happened?
(2) 先生、どうしたの?
　　John, what's eating you?
(3) 気遣ってくれてありがとう。
　　Thank you for asking.

(2)に関して、先生の名前が John Adams として、Just call me John.（ジョンと呼んでくれていいよ）と言っているような場合、アメリカでは学生が教師をファーストネームで呼ぶことがあります。日本では考えられませんね。また、What's eating you?（直訳=何があなたを食べているの?）は口語で「どうしたの?」の意味になります。もちろん、What are you eating? なら「あなたは何を食べているの」の意味です。

(3)の日本語は、英語では単純に Thank you for asking. ぐ

らいがよいでしょう。日本人が言いそうな Thank you for your kindness. などは、実際に親切行為が成立しないと使えない表現です。

品の尺度と礼の尺度

　品のレベルは、上品から下品まで、いろいろとあると思われますが、言葉における品のレベルを、とりあえず3つに分類してみます。それは、「下の品」、「中の品」、「上の品」の3段階です。

TIPS

上品や下品という言葉は、仏教語

　阿弥陀仏は、両手の親指と人差し指で輪をつくり、おへそあたりで、その輪を引っ付けるような手の形をしていますが、この印を「上品上生印」といいます。これは「最高の育ちと最高の生まれを示す形」の意味で、この表現から「上品」という言葉が、独り歩きして現在に至っています。

　さて一方、言葉には「礼儀正しい」レベルから「無礼な」レベルまで、これまた、いろいろなレベルがありますが、「下の礼」、「中の礼」、「上の礼」の3段階に分けてみましょう。「下の礼」とは「無礼」、「上の礼」とは「丁寧」といえます。

　それぞれのレベルを表す英単語は、次のように表せます。

下の品	casual	中の品	standard	上の品	formal
下の礼	impolite	中の礼	common	上の礼	polite

品格者にとって、どのレベルの言葉を使用すべきか、表にしてみましょう。

表7　品と礼のレベルと品格者の関係（避けるべき＝×）（普通＝OK）（推奨する＝○）

	下の品 Casual	中の品 Standard	上の品 Formal
下の礼（無礼） Impolite	×	×	×
中の礼（普通） Common	OK	○	○
上の礼（丁寧） Polite	○	○	○

　序章で述べましたが、下の礼は、「品がない」というレベルです。そこで、私は、Formal（正式さ）の度合いにPolite（丁寧さ）の度合いを組み合わせたものを、「品格」の度合い（＝品格度）と考え、いったい英語にどれぐらいの品のレベルがあるのかについて、その道のプロ（英語のネイティブスピーカーを含む）と協議してきました。
　その結果、品があるレベルに6段階、品のないレベルに2段階あるとの結論が出ました。
　たとえば、何でもいいのですが、「（何かを）早くしてほしい」と相手に頼むレベルが合計8段階あるということです。その段階をレベル5からレベル0までと、レベル−1とレベル−2に分けます。レベル0から5が「品のあるレベル」です。そしてレベル5が最も「品」が高いレベルです。レベル−1とレベル−2が「品のないレベル」です。つまり、こういうことです。

　　　レベル0〜5　　　品のあるレベル
　　　レベル−1〜−2　　品のないレベル

具体的な英語で示してみましょう。

表8　品格度と英語表現

品格度	日本語	英語
レベル5	早めにお願いできればありがたく存じます。	It would be greatly appreciated if you could complete the task as early as possible.
レベル4	早くしていただきたけますでしょうか。	I would appreciate it if you could do it quickly.* ■Could you do it quickly, please?
レベル3	早くしていただきたいと思います。	I hope you will do it quickly. ■Would you do it quickly?
レベル2	早くしてください。	Please do it quickly. ■Will you do it quickly?
レベル1	早くしなさい。	Do it quickly. ■Can you do it quickly?
レベル0	早くしろ。	DO it QUICKLY. ［doとquicklyを強調する］
レベル−1	はよせい！	Move your ass!
レベル−2	こら、はよせんかい、このどあほ！	Fucking, hurry up, son of the bitch!

POINT ▶ ＊印の文において、ビジネスではIをweにする。

※レベル−1と−2は関西弁の例を挙げた。
※■＝ formal 度の差を疑問文で表した場合を示す。
※品格者は、品のある表現＜レベル0からレベル5＞を使い分ける。品のない表現＜レベル−1やレベル−2＞は使わない。
（注）上記のレベルは、日本語・英語ともに、表現形式だけを捉えると Formal 度を表している。それぞれの表現が適切な場面で使用されて初めて品格度と一致する。

レベル5の特徴は3つある!

ここで、レベル5の表現に注目してみましょう。

It would be greatly appreciated if you could complete the task as early as possible.

まず、自分というものを全面に出していません。もし、I という1人称を用いると、レベルが1つ下がります。表8のレベル4表現を見てください。フォーマルで最高に丁寧な表現は、自分を表現しないんですね（日本語と共通している点が面白いですね）。

次に、do it のような簡単な表現を避け、具体的ではっきりした単語（しばしば高度な単語）を用います。短い単語はぶっきらぼうなイメージがあるからです。確かに長い単語のほうが上品に感じますね。だから、do it よりも complete the task（そのお仕事を完成させる）という高度な表現を用いているのです。

最後に、マイルドな表現を使うという点です。日本語でも「早く」というより「早め」のほうがマイルドですね。英語にも同様の表現があります。

Complete the task quickly.
（早くその仕事を完成させてください）
Complete the task as early as possible.
（早めにそのお仕事を完成させてください）

英語では、発音も比較的強く響く quickly というきつめの単語から、early のような柔らかな発音の単語に変化させ、しかも、as early as possibleという構文を用いて、表現を柔らかくしています。レベル5表現には、少なくとも3つの工夫が必要なことがわかりましたね。まとめておきましょう。

表9　最高の品のレベルへの工夫

自分を出さない	It would be greatly appreciated if … （……していただければ光栄です）
具体的に言う	complete the task （そのお仕事を完成させる）
柔らかい表現を使う	as early as possible （お早めに）

礼のレベルは状況により変化する

　品の尺度は、主として正式（formal）か、くだけている（casual）かで考えますが、礼の尺度は、丁寧（polite）か無礼（impolite）かがベースにあります。
　品の尺度と礼の尺度の違いはどこにあるのかを考えてみましょう。次の文を見てください。

　　I would appreciate it very much if you could pass it to me.
　　（それを私に渡していただければ光栄です）

　この文のFormal度、すなわち「品」のレベルは、表8を参考にすれば、一目瞭然ですね。レベル4です。
　しかし、この表現を親しい友人に使ったとしましょう。あなたの友達は「えっ」と思い、何か意図があるのかな?　と感じるでしょう。友人に対しては、あまりにも丁寧な表現だからです。不自然なイント

ネーションで、大きな声でゆっくり、この言葉を発したら、嫌味にすら聞こえます。これではもはや、impolite な表現となってしまいます。相手がすごく怒るほどのことはないでしょうから、品格度がレベル-1 表現といえるでしょう。

ここで、品のないレベル-1とレベル-2と相手の感情の関係を表にしておきましょう。

表10 品のないレベルと感情

レベル-1表現	相手が「えっ」と思う表現 空気が読めない表現 　相手は不思議がるか、ちょっと怒る程度 使わないほうがよい表現 （＝辞書では俗語とされている場合が多い）
レベル-2表現	相手が「むっ」とくる表現 感じが悪い表現 　相手はかなり怒る、怒り狂う場合もある 使ってはならない表現 （＝辞書では卑語と表現されている）

品のレベルが低い俗語の使い方

品のレベルが高い言葉を親しい友達に言っては不自然だと述べましたが、同時に、品のレベルが低い言葉を目上の人に言っては、それこそ品性が問われることがあるので、注意しておかなければなりません。

品の低い言葉の代表に「俗語表現」があります。しかし、品が低いものであっても、「卑語」（＝使ってはならない語、本書でいう「レベル-2」の言葉）でないものも多く存在します。

次の表現を考えてみましょう。

I am pissed off.（いらつくよ）

この表現は「俺、おしっこ出しちゃうよ」と直訳できる限りなく卑語に近い言葉です。でも、これは、親しい友人の前とか、盛り上がったインフォーマルな（＝正式でない）パーティの席上なら許される表現です。なぜなら、これは相手を罵倒するような言葉ではなく、自分自身を記述する言葉だからです。この表現は、表8のレベルで示せば、＜レベル0表現＞といえるでしょう。（一般に、俗語表現は＜レベル0表現＞です）

一方、表8の＜レベル-1表現＞をもう一度見てみましょう。

　　Move your ass.

これは直訳すると「お前の尻を動かせ」となり、汚い言葉ですね。相手に対する言葉なので、俗語でも許される表現にはならないわけです。だから＜レベル-1表現＞なのです。

「食べる」の表現で、英語と日本語の違いを知ろう！

だれの人生にとっても、基本的で重要な行為である「食べる」ということに注目してみましょう。相手に食事を勧める表現に対して、品格のレベル表示を施してみましょう。

表11　「食べる」ことを勧める表現とその品格度

レベル3	お召し上がりください。
レベル2	食べてください。
レベル1	食べなさい。
レベル0	食べろ。
レベル-1	食え。
レベル-2	食わんか、食わんと張り倒すぞ！

レベル-2はやはり怖いですね。それはともかく、日本語では、「召し上がる」という尊敬語（＝相手を上げて、敬う表現）と、「ください」という丁寧語（＝言葉そのものを丁寧にする言葉）が、この状況では存在することがわかります。

同時に、「食べる」以外に「食う」という俗語っぽい表現もあるのがわかりますね。

もちろん、自分が食べるときは、「いただきます」（レベル3）という表現、即ち、謙譲語（＝自分を下げて、謙遜する表現）を使います。この尊敬語、丁寧語、そして、謙譲語が使いこなせないと、とても品格者といえません。

表11に挙げたそれぞれの表現は、英語の形容詞で次のように表せるでしょう。

表12 それぞれの表現を英語の形容詞で表す

表現	P度（丁寧度）	F度（正式度）
①お召し上がりください。	very polite	formal
②食べてください。	polite	a little formal
③食べなさい。	common	standard
④食べろ。	less polite	casual
⑤食え。	a little impolite	very casual
⑥食わんか、食わんと張り倒すぞ！	impolite	too casual

※ P度はPolite度、F度はFormal度の略。

日本語の「ね」と「よ」の効果

日本語は「てにをは」という言葉に代表されるように、助詞が存在しています。丁寧度や正式度を左右させる力をもっている助詞があります。それは、「ね」と「よ」です。

表12の①から③の表現に「ね」をつけてみましょう。

　①お召し上がりくださいね。
　②食べてくださいね。
　③食べなさいね。

F度（正式度）が下がった感じがしますね。また、④と⑤に「よ」をつけてみましょう。

　④食べろよ。
　⑤食えよ。

今度は、「よ」には、F度（正式度）を下げるだけでなく、P度（丁寧度）を上げる力があるようですね。日本語の助詞の力は恐るべし！といったところです。

TIPS

日本語の「食べる」も「食う」も品格語？
「食べる」という言葉は、タマハル（賜る）という言葉から起こっています。神様から食べ物を賜るからです。
「食う」という語の「ク」は、「咥える[＝口に挟む]」や「噛む」と同語源で、交わるという意味をもちます。「噛む」は「神」とも関係する語であるという説もあるから、「食う」ことは神との交わりをも意味する奥深い言葉といえますね。
　ちなみに、「飯（めし）」は「召し上がる」の「召し」からきています。日本語の食関連の言葉は品格が高いですね。

勧めることと頼むこと

　相手によいことは勧めますね。相手にとってよいことであれば「頼む」モードにはなりません。たとえば、「おいしいサンドイッチを作ったよ、頼むから食べてください」と言うのは、自然な状況ではあまり考えられませんね。

　一般に、人にものを「頼む」ときは、相手にとって努力がいること、もしかしたら、あまりよくないことが多いものです。「ちょっと手伝ってくれますか?」は、頼む表現ですが、まさに相手に努力を求めていますね。

　英語では、勧める表現では、please を使わなくても丁寧で、頼む表現では、please を使わないと丁寧ではありません。別の言い方をすると、相手がうれしいことは、please を使わずそのままの命令文でも OK で、相手があまりうれしくないかもしれないことは、please を使わないと丁寧表現にはなりません。

　　Have some sandwiches.
　　(サンドイッチをお召し上がりください)
　　　…please なしでも丁寧
　　Please help me with my homework.
　　(宿題を手伝ってください)
　　　…please がなかったら丁寧でない

　P 度と F 度を分けたレベル表でまとめてみましょう。

表13 「勧めること」と「頼むこと」

表現の堅さF度 表現の丁寧さP度	Casual レベル0-1	Standard レベル2	Formal レベル3-5
Common	頼む表現 Help me with my homework.	頼む表現 Please help me with my homework.	頼む表現 Could you please help me with my homework?
Polite	勧める表現 Have some sandwiches.	頼む表現 Please have some sandwiches. ※	勧める表現 If you would care for some sandwiches, please don't hesitate.

※このように、pleaseを使うと「頼む」モードになる。真の品格者は上記の表現をうまく使い分ける。

COLUMN

イギリス上流階級の「品格ある」英語　vol.3
～親が子に伝える決して使ってはいけない表現(2)～

　上流階級の母親が、特に厳しく娘たちに「言ってはいけない」と伝える表現の中に、次のようなものがあります。

　その1つは、「香り」という表現です。
　香りは、上流階級では scent といい、決して perfume は使いません。アクセントが第1音節にあるのに気をつけてくださいね。実は perfume という表現は、中流階級の人々が使うものなのです！
　アメリカ英語でも perfume を使うけれど、アクセントの位置が後ろにずれて、perfume となるんです。労働者階級では「嫌な臭い」を表す pong をわざわざ使って、That's a nice pong. と言ったりします。つまり、わざと反対のことを言って相手の興味をひく、というわけ。

COLUMN

　たとえば、こんな例がありました。私がイギリス留学中に、ロスのライブハウスですごくいけてる女性ボーカルに会ったときのことです。あんまり感動したので、まさかあまりにもストレートに

　You have a good voice!（すごくいい声していらっしゃいますね）
とも言えず、悩んだ挙句、同伴者のキース（GIT というギター専門学校の先生で、元 Mr.big のギタリスト、ポール・ギルバートを教えた経験がある!）に「どう言えばいい?」と聞いたところ、

　　You got a bad tube, Mom!
という表現を教えてもらいました。

　ちなみに tube とは発声器官のこと。bad tube「悪い発声器官」と正反対のことを言って喜ばせるなんて、手が込んでますよね～。

　実際使ってみると、これは大受けで、カウンターの向こうからお酒がビューンと滑ってきて私の手元に!!

　　This is on me.（私につけておいて→おごりよ）
と言ってもらって嬉しかった!　決してただでお酒が飲めたからというわけではありませんよ。誤解しないでね。

　相手を落とす反対表現は「上品な表現」とはいえないけれど、「人の心にぐっとくる」という意味合いでは、世界共通なのかもしれませんね。

COLUMN

イギリス上流階級の「品格ある」英語　vol.4
～親が子に伝える決して使ってはいけない表現（3）～

　3つ目は、イギリスで「生理期間」を表す言葉です。
　生理期間は the curse を使って、決してアメリカ英語 my period「私の期間」は使いません。ちなみに a curse とは「呪い」を表す名詞です。こちらの意味で覚えた方も多いのでは？
　アメリカ英語ではほかに that time of the month ともいいます。あまり大っぴらに使う表現ではないにしても、知っておくといいかも？

　ちなみに「浮気をすること」という表現も紹介しておきましょう。
　　　上流階級では having an affair
　　　中流階級では having a relationship
です。アメリカ人は意外にも、上流階級と同じ表現 having an affair を使います。
　ロンドンで一世を風靡したロックバンド・JAPAN のベーシスト、ミック・カーンにインタビューをしたことがありました。話が盛り上がって、世間話になったとき、

　　　What sort of relationship does Ryuichi and Akiko have?
　　（[坂本] 龍一と [矢野] 顕子はどんな関係?）
と聞かれ、2人は付き合っているのかも？　とピンときたことがあります。ビッグカップル誕生が明らかになる前の話でした。庶民の私にはあまり関係のない、遠い世界の話でしたが…。

第2章
ビジネス場面の品格表現

現代は、まさに国際化時代。海外から大切な顧客を会社で出迎えることも多くなりました。大事なお客さんなので、失礼があってはなりません。
　応接室に案内して、椅子に座っていただくのに、日本語では「どうぞ、こちらにお座りください。どうぞ、どうぞ」などと言いますね。英語では、どうでしょうか。

　　Please sit down. Please! Please!

　この表現は、日本語の直訳ですね。最後の2つの please は必要ありません。please は「お願い」のイメージが強く、「何かちょうだい」のようにも響く可能性があるので、要注意です。
　手を椅子のほうに示せば、意図はわかってもらえますから、「どうぞ」にあたる英語表現自体は、それほど気にしなくてもよいでしょう。
　注意しなければならないのは、単語の発音とリズムです。sit の [s] 音は、「シ」と発音しないで、口をスマイルの形にして、発音します。でないと、Shit down!（ウンチしてね）に聞こえるから要注意です。間違っても「シットダウン」と言わないようにしましょう。
　このような発音に関する認識がないと、知らないうちに不適切な表現を量産してしまうことになるので、注意しましょう。
　また、受け身の表現は、言葉を柔らかくする機能をもちます。seat（座らせる）という単語を受け身にして、be seated にしたほうが正式で丁寧な感じがします。be seated の日本語の直訳が「座らされる」なのに、英語ではマイルドな表現になるのだから、不思議ですね。以下にまとめます。レベル表示は、品格度〔Formal（正式）度（＝F度）と Polite（丁寧）度（＝P度）を合わせた度合い〕を表します。

Please be seated.（どうぞご着席ください）レベル3
Please sit down.（どうぞお座りください）レベル2
Please shit down［シットダウン］.（どうぞウンチしてください）［不適切な表現＝レベル1］

また、「座る」や「食べる」など大きな努力を伴わず、「契約締結」など重要な行為を意味しない場合は、相手がすごい重要人物であっても、前章で見たようなレベル5の英文を使うのは、NGです。

> It would be greatly appreciated if you could be seated.
> （座っていただけますと誠に光栄でございます）

その場に合った表現を効果的に使えるのが、本物の「英語品格ビジネスパーソン」といえるでしょう。それでは、次に、いろいろな場面での品格表現を学んでいきましょう。

TIPS

shit を用いた表現

次の表現は、品格者は使わないけれど、知っていてもよいでしょう。

John shitted on his friend.
（ジョンは友達のことを警察に密告した）
［イメージ：友達の上にウンチして困らせる］

That really frightened the shit out of me.
（それには本当に驚いたよ）
［イメージ：私がウンチを垂れ流すほど驚いた］

依頼 その1 (REQUESTING)

◆ カタログを請求する

　商品を購入したいと思う場合、その商品が載っているカタログが必要になりますね。これを請求する表現を考えてみましょう。

　　I want a catalog.（私はカタログがほしい）

「ほしい」という英単語は、want だからといって、このように言うのはビジネスレターだけでなく、メールでも不適切でしょう。
　長い付き合いがあり、信頼関係が成立している顧客に対しては、want がまったく使えないことはありませんが、それでも、I の代わりに、会社を代表する we を用いるほうがよいでしょう。

　　We want a catalog.（当社はカタログを求めています）

　カタログは、郵便で送られたり、メールに添付して送られたりしますので、send（送る）という表現を用いて、you（貴社）を前面に出した表現が、品格のある表現になります。
　依頼の代表的基本パターン品格表現を1つ挙げておきましょう。

We would appreciate it (very much) if you could do....
もし……していただければ（大変）光栄に存じます。

第2章 ビジネス場面の品格表現

次に、いろいろな表現を確認しましょう。表の最後にある「相手のレベル」は、どんな顧客の場合にその表現が適切であるかということです。

表14 カタログを請求する表現

品格度	英文＋訳	相手のレベル
レベル5	**It** would be greatly appreciated if you could send us a catalog. カタログを送付いただければ光栄に存じます。	非常に気を使う顧客
レベル4	**We** would appreciate it if you could send us a catalogue. カタログをお送りいただけますでしょうか。	初めての顧客 ※ビジネスではこれが適切
レベル3	**Would** you send us a catalog? カタログを送っていただけますか。	何度も交流がある顧客
レベル2	**Will** you send me a catalog? カタログを送ってくれますか。	親しい知人
レベル1	**Can** you send me a catalog? カタログを送ってくれる？	友人
レベル0	Send me a catalog. カタログを送ってね。	親しい友人

※前もって、顧客との間で、カタログの話が出ている場合は、定冠詞をつけて the catalog（そのカタログ）にします。また、the catalog you mentioned（貴社［の担当者］がおっしゃっていたカタログ）とか the catalog concerning the product（その製品に関するカタログ）などの表現を用いる場合もあります。

※イラスト入りのカタログは、an illustrated catalog といいます。

依頼 その2 (REQUESTING)

◆商品の配送時期に関するお願い

　商品を注文するとき、ある時期までに送ってほしいときは、どのように言えばよいでしょうか。たとえば、注文の品をクリスマス商戦に間に合うように送ってほしいというような場合です。そんな場合、品格ビジネスパーソンは、次の点に注意するでしょう。

(1) 商品の具体的な到着時期の希望を明確にする。
(2) もし、そのときまでに到着しない場合はどうしてほしいか、その場合の希望事項を添える。

　(1) が必要なのは、「単に早く送ってほしい」だけならば、いつまでに送ればよいのか不明なので、いい加減な企業ならば、「まあ、いいか」と、なかなか配送してくれないかもしれないからです。
　また、(2) がなければ、その時期までの到着が不可能な場合はどうすればいいのか、また、発送するほうも不安になります。
　つまり、ビジネス上の顧客が不安にならないように配慮するのが、品格ビジネスパーソンということになります。
　たとえば、次のように書くと、きれいな表現になります。

It would be appreciated very much if you could deliver our order by the end of November in time for the Christmas sales season. If you could not deliver the job by then, **please let us know at the earliest possible time**.

クリスマス商戦に間に合うよう、11月末までに注文の品を配送いただければ誠に光栄です。もし間に合わないようでしたら、できるだけ早めにお知らせいただければと存じます。

ここで、英文作成のコツを伝授しましょう。

最初の、It would be appreciated...の文は、主語をweとしていないので、＜レベル5表現＞です。第2文は、It would be appreciated...の形式ではないので、＜レベル5表現＞ではありません。pleaseを用いた文は、個人間のイメージが強い場合は、レベル2、組織間のイメージが強い場合は、レベル3となります。

Please let me know... レベル2 （me は個人的な感じ）
Please let us know... レベル3 （us は会社間という感じ）

さらに本文は、at the earliest possible time という副詞句を用いているので、もう1段階レベルが上がり、第2文は＜レベル4表現＞です。ここで、次のことがいえます。

品格表現のコツ その1

パターンの決まった＜レベル5表現＞を使いすぎない。

It would be appreciated … を使いすぎるとくどい感じがして、かえってマイナスに響きます。

×It would be appreciated … if you could deliver …. It would be appreciated … if you could let us know ….

さらに、次のことも覚えておきましょう。気を使う相手には文法的省略用法を用いません。

品格表現のコツ その2
品格度を上げるには、省略表現を用いない。

次の表現を比べてみましょう。

If you could not deliver the job... レベル4
If you couldn't deliver the job... レベル3
If you cannot deliver the job... レベル2
If you can't deliver the job... レベル1

第2章 ビジネス場面の品格表現

対応 その1（RESPONDING）

◆見積請求に対して対応する

ある商品に対して、見積を依頼されたとしましょう。

見積が出来上がったら、早めに連絡しましょう。まず、その依頼自体に感謝の言葉を述べてから本文を始めます。

たとえば、次のような言い回しが定番です。

① Thank you for your inquiry.
（お問い合わせありがとうございます） レベル3
② Thank you for your request for an estimate of May 10.
（5月10日付の見積請求ありがとうございます） レベル4
③ We are deeply grateful to you for your request for an estimate of our newly developed microwaves.
（当社新規開発の電子レンジについての見積請求には心から感謝申し上げます） レベル5

以上は、相手に依頼する表現ではないので、It would be appreciated ...という表現は使えません。

ここで、次のようなことが言えます。

品格表現のコツ その3
具体的に（詳しく）言ったほうが、品格度は上がる。

①のように、「問い合わせありがとう」とシンプルに言った場合に比べ、具体的に「5月10日付の見積の請求をありがとう」と言った場合は、品格度（＝正式度と丁寧度を合わせた度合い）は1ランクUPします。

より具体化した③は、さらにランクUPします。詳しく言ってあげるほうが、相手にはわかりやすいからです。わかりやすいということは、品格的に高いということです。

表15　見積請求に対して対応する

品格度	英文＋翻訳	相手
レベル5	**It** is our great pleasure to send you a quotation for our newly developed microwaves you require. 当社開発のお求めの電子レンジにつきまして、見積書をご送付申し上げます。	非常に気を使う顧客
レベル4	**We** are pleased to send you an estimate for our newly developed microwaves you require. 当社開発のお求めの電子レンジにつきまして、見積書をお送りいたします。	初めての顧客 ※ビジネスではこれが適切
レベル3	**We** are happy to send you an estimate. （早速、）見積書をお送りします。	何度も交流がある顧客
レベル2	**I** am happy to send you an estimate. （早速、）見積書を送ります。	親しい知人
レベル1	**I will** send you an estimate. 見積書を送ります。	友人
レベル0	**I'll** send you an estimate. 見積書を送るよ。	親しい友人

POINT1 ▶ 省略形を使わない。（ レベル0 → レベル1 ）

POINT2 ▶ I(私)の代わりにweを使う。（ レベル2 → レベル3 ）

POINT3 ▶ 第1人称を使わない。（ レベル4 → レベル5 ）

対応 その2（RESPONDING）

◆割引の条件を知らせる

　商品の注文を検討している顧客に対して、一定数以上の注文をいただければ値引きがありうるというような話をすることがありますね。このときの品格表現を学びましょう。

　「この製品は100台の注文で3%の業者間割引をさせていただきます」を訳してみましょう。

　We will give a trade discount of 3% on orders of 100 units.

　この文で、＜助動詞+動詞＞の部分の違いにより、ニュアンスが異なってきます。当然、品格度も微妙に違うんですよ。
　文をもう少し単純化して考察しましょう。次ページの表16を見てください。

TIPS

動詞と名詞と前置詞の組み合わせ
　動詞と名詞と前置詞をうまく組み合わせて、英語表現が出来上がります。前置詞が決まっている点に注意しましょう。
give a discount of A［割引率］on B［商品(の注文)］＝BをAだけ割引く
place an order with A［会社］for B［商品］＝A社にBを注文する

表16　割引の条件を知らせる

英文の特徴	英文	品格度
willを用いる	We **will** give a discount of 5% on orders of 10 units. 10個注文いただければ５％割引いたします。 ※willにより、これからの提案を示す。	レベル4
助動詞を用いない	We give a discount of 5% on orders of 10 units. 10個注文すれば５％割引があります。 ※初めから決まっていることを示す。	レベル3
canを用いる	We **can** give a discount of 5% on orders of 10 units. 10個の注文で５％割引できます。 ※canにより、可能性を示す。	レベル3
can onlyを用いる	We **can only** give a discount of 5% on orders of 10 units. 10台注文しないと５％の割引ができません。 ※onlyを用いてマイナスイメージを高めると品格度が落ちる。	レベル2

POINT ▶ 相手にとってよいことを述べるとき、wouldやcouldのような丁寧表現を用いると、逆にレベルがやや下がる。というのは、wouldやcouldが控えめな気持ちを表す助動詞だからである。相手にとってよいことは、堂々とwillを使おう。

謝罪　その1（APOLOGIES）

◆支払の遅れをわびる

　仕事においては、支払期限に間に合わなかったり、商品が相手先にうまく届かなかったり、いろいろなことが起こります。その場合、きちんと謝る必要がありますが、謝り方にも品格があります。

　注文した商品に対する支払が滞ったことへのおわびの表現を考えてみましょう。たとえば、次の日本語文を英訳してみます。

　　「9月10日期限の手形に対する支払ができなかったことをおわび
　　　申し上げます」

　「おわび申し上げます」は sorry を使うことができます。また、regretという単語を用いると、レベルが上がります。次ページ表17で、確認してみましょう。

TIPS

SORRY の意味と語法

　①気の毒に思う　②残念に思う　③すまないと思う

① I am sorry **to hear that** he was injured in an accident.
　（彼が事故でけがされたとお聞きし、お気の毒に思います）
② I am sorry **to say that** you are not selected.
　（残念ながらあなたは選ばれませんでした）
③ I am sorry **to have kept** you waiting for a long time.
　（長くお待たせしまして申し訳ありません）
※①から③は基本的には＜レベル3表現＞です。
　「気の毒に思う」の意味ではto hear...が、「残念に思う」の意味ではto say...が、「すまないと思う」の意味ではto have p.p.がよく用いられますが、どれもthat節を伴うことが可能です。

表17 支払の遅れをわびる

作文技法	英文	品格度
regretを用いる	We **regret** that we were not able to meet our bill due on September 10. 9月10日期限の手形に対する支払ができなかったことをおわび申し上げます。	レベル5
副詞を添える	We are **deeply sorry** that we were not able to meet our bill due on September 10. 9月10日期限の手形に対する支払ができなかったことをおわびいたします。	レベル4
sorryを用いる	We are **sorry** that we were not able to meet our bill due on September 10. 9月10日期限の手形に対する支払ができなかったことをおわびします。	レベル3

POINT1 ▶ sorryの代わりにregretを用いると品格レベルが上がる。

POINT2 ▶ 省略形を用いると1つから2つ下がる。[レベル3文の場合]

　　　　　We are → We're 　レベル3 → レベル1

　　　　　September 10 → Sep. 10 　レベル3 → レベル2

※ billとnoteは多義語。billは「為替手形、紙幣、請求書、ビラ、法案、起訴状」など、noteは「約束手形、紙幣、手紙、メモ、調子、注」などの意味。

謝罪　その２（APOLOGIES）

◆間違った請求書の送付をわびる

　メールでは、わびる内容でも前置きは必要なく、初めに apologize という表現を用いるとよいでしょう。

　具体的な内容をいう場合は、形容詞 sorry や動詞 regret を用いるとよいのですが、メールにおいては、最初は＜ We apologize for 謝る内容を表す単純な名詞＞で文を終えて、その後、具体的な理由を述べるのが、品格者としての英文の展開の仕方です。

① We apologize for the discrepancy on the bill dated on October 15.
② There seems to have been an error made in our computer section.
①10月15日付の請求書に問題がございましたことをおわび申し上げます。 レベル4
②コンピュータ部門で記載ミスがあったようです。 レベル3

TIPS

APOLOGIZE と APOLOGY の語法

1. I wanna apologize to you.（ごめんな）`レベル0`
   I want to apologize to you.（君に謝るよ）`レベル1`
   I'd like to apologize to you.（謝ります）`レベル2`
   I have to apologize to you.（申し訳ないです）`レベル3`
   POINT　I'd likeをI would likeにするとレベルが1つ上がる。
2. I owe you an apology.（どうも申し訳ないです）`レベル3`
   We owe you an apology.（大変失礼しました）`レベル4`

最後に再度、おわびを別の表現で行い、次に感謝の言葉、そして最後にBest regards, で終われば完璧です。

③ We are sincerely sorry for the inconvenience it has caused you.
④ We make every possible effort to ensure that such problems will never occur again.
⑤ Thank you very much for your understanding.
⑥ Best regards,
③ この度、貴社にご迷惑をおかけしましたことを心からおわび申し上げます。`レベル4`
④ 当社は、今回のような問題は2度と起こらないよう細心の注意を払わせていただきます。`レベル4`
⑤ ご理解いただければ大変ありがたく存じます。`レベル4`
⑥ 敬具 `レベル3`

品格表現のコツ その4

形容詞や副詞を添えたほうが、品格度は上がる。

表18　形容詞・副詞のあるなしと品格度

形容詞・副詞なし	形容詞・副詞あり
We are sorry... レベル3	We are sincerely sorry レベル4
We make an effort... レベル3	We make every possible effort レベル4
Thank you for... レベル3	Thank you very much for... レベル4

POINT ▶ Thank youの代わりにThanksを用いるとレベルが1つ下がる。
Thank you レベル3 →Thanks レベル2 (youなし)

※1人称（I, we）を用いないときレベルが1つ上がり（p.54 表15参照）、2人称（you）を用いないとレベルが1つ下がる。

苦情 その1 (COMPLAINING)

◆商品に対する苦情

苦情に関する文書には、次の4つのことを書くとよいでしょう。

　①具体的に何があったのか（苦情の内容）
　②問題に対してどう対処するのか（当面の措置）
　③具体的に何を望むのか（希望の提示）
　④「よろしくお願いします」に相当する言葉（締めくくり）

具体的に、①から④までの文を紹介します。次ページをご覧ください。

苦情を申し立てる場合も、品格者は、怒りをあらわにしません。客観的情報を明確にし、どうしてほしいのかをしっかり言って、最後は相手の労をねぎらいます。すると、苦情の相手は、しっかりしなければと反省するのです。次から、問題を起こすことは少なくなるでしょう。

怒りをあらわにすると「当方が悪いのですが、何もそこまで言わなくても…」という感じになり、取引関係がまずくなります。だれにでも失敗はあるのだから、気持ちとしては、許してあげて（しかし、この部分は表明する必要はありません）、同時にどうすればよいのかをしっかり伝えることです。

第2章 ビジネス場面の品格表現

表19 商品に対する苦情

① 苦情の内容	When we opened 8 delivered items of TAC Digital Camera Super, we found two of them damaged. TACデジタルカメラスーパー8台の配送品を開けたところ、2台が破損しておりました。 レベル3
② 当面の措置	We will keep them on our premises until your staff come to collect them. 貴社のスタッフによって回収されるまで、弊社に保管しておきます。 レベル3
③ 希望の提示	We would like you to ship two replacement units within two weeks. 2週間以内に2台の交換品を送付いただければありがたく存じます。 レベル3
④ 締めくくり	Thank you for your cooperation and prompt attention to the matter. この件に関して対応していただけばと思います。どうぞよろしくお願いします。 レベル3

POINT1 ③で、省略形を用いるとレベル2表現になる。
→ レベル2 We'd like you to ship …

POINT2 ④で、very muchを添えるとレベル4表現になる。
→ レベル4 Thank you very much for …

※③の段階では時間的情報が必要。

苦情　その2（COMPLAINING）

◆サービスに対する苦情

　取引先の担当者や、営業所の職員、飲食店のウエイター、店の店員の態度が悪かったなど、サービス全般に不満を感じることも、しばしばありますね。そのような場合、どのように苦情を表明すればよいのでしょうか。

　その場合、次のような段階で文章を書けば、品格者としては十分でしょう。

① We are sorry to say that…で始まる苦情の概略を述べる。
　（どのような苦情かを示す）
② できるだけ具体的に問題点を述べる。
　（苦情の中身を時系列で示す）
③ その問題の解決のための方法について希望を述べる。
　（具体的にどうしてほしいかを示す）
④ その解決法に応じない場合、どうするかを述べる。
　（③が不可能な場合の希望を述べる）
⑤ Thank you for…などで始まる締めくくりを述べる。

具体例を挙げて、考えてみましょう。

① 対応の仕方（サービス）に対して不愉快な思いをした。
② 製品に関する問題点をメールで指摘したが、それに対する返信が1カ月以上ない。
③ 至急メールに対する返信がほしい。

④ 返信が2週間以内になければ、商品の返品と代金の返金を要求する。
⑤ ご理解いただければ幸いである。

表20　サービスに対する苦情

①苦情の概略	We are sorry to say that we had an unpleasant experience with your service performance. 残念ながら、この度は、貴社のサービスに関し、不愉快な思いをいたしました。レベル3
②時系列な説明	On May 10, we emailed you reporting the problem with your service; however, you have not replied to our email for almost one month. ５月10日に、弊社は貴社宛に、貴サービスに対する問題点を報告させていただきましたが、１カ月近くなっても返信をいただいておりません。レベル3
③要求	We would like you to quickly return our email. すぐ返信いただきたいと思います。レベル2
④不履行時の意思表示	If a professional service is not offered by emailing us within two weeks, or by May 24, we will return all the units for full refund. ２週間以内、即ち５月24日までにきちんとしたメールによる対応がなければ、商品はすべて返品し、代金を全額返金していただきます。レベル3
⑤締めくくり	Thank you very much for your understanding. ご理解いただければ幸いです。レベル4

POINT ▶ ③において、quicklyの代わりに、as soon as possibleを用いると、品格度が上がる。(レベル2 → レベル3)

※②と④で具体的期日がなければ品格度が1つ下がる。

公式発表 その1（OFFICIAL ANNOUNCEMENT）

◆事務所の移転

　顧客に対して、事務所の移転をお知らせする場合にどのように言えばよいでしょうか。
　「お知らせする」という表現をいくつか紹介しましょう。

表21　通知の表現

① It is a great pleasure to announce that ...
　……を通知させていただくことは誠に光栄でございます。 レベル5

② We are pleased to announce ...
　……を通知させていただきます。 レベル4

③ We wish to notify you that ...
　……をお知らせいたします。 レベル3

④ For your reference, we inform you of ...
　ご参考までに……をご連絡いたします レベル2

⑤ This email is to let you know that ...
　このメールにて……をお知らせせします。 レベル1

POINT1 ▶ weよりもitで始めた文のほうが品格度が高い（p.33、p.49参照）。

POINT2 ▶ 品格のレベルに合う動詞（表現）がある程度決まっている。品格が高い順に表すと、announce＞notify＞inform＞let you knowとなる。

POINT3 ▶ wantを使うと品格度が2つ下がる。
　　　　　We wish to notify ... レベル3
　　　　　We want to notify ... レベル1

ビジネスレターでは、お知らせの内容を、上記のような表現を使わずにストレートに言うのは、レベル0となり、一般には避けるほうがよいでしょう。

たとえば、「我々は新しいビルに引っ越した」を訳してみましょう。

⑥ We moved into a new building.
我々は新しいビルに移動した。 レベル0

もちろん、この表現は、会話で使った場合は、レベル1からレベル2に上がります。会話ではまったくぶっきらぼうな表現ではありません。つまり、次のようなことが言えるのです。

品格表現のコツ その5

同じ表現でも、書き言葉（文書など）で用いた場合、レベルが1から2下がるので注意せよ。

TIPS

英語の特徴その1　同義語が多い!

英語は、1つの意味に対する単語が多い、つまり、同義語が多いという特徴があります。

「知らせる」という表現にもいろいろありましたね。

　　announce（公表する）
　　notify（通知する）
　　inform（連絡する）
　　let you know（知らせる）

動詞表現の差が、Formal度×Polite度（＝「品格度」）の差になっています。このように、同義語は品格の差を表す機能もあるのです。

公式発表 その2(OFFICIAL ANNOUNCEMENT)

◆新入社員の歓迎会の場所変更の通知

　新入社員のための歓迎会を会社が催す予定です。その場所が変更となった場合にどのように伝えたらよいでしょう。単に「場所が○○に変更された」と伝えるよりも、「古い情報」と「新しい情報」を明確に分けることが重要でしょう。さらに、変更の理由を簡単に述べると、丁寧さが増すでしょう。

> **We** already announced that the welcome party would be held at Crystal Restaurant; **however**, due to easy access, we have changed the place of meeting to Restaurant Luna. We hope all of you will attend the party.
> 歓迎会はクリスタルレストランで行われると通知いたしましたが、地理的に便利なレストランルナに場所を変更いたしました。皆様の出席を期待しております。 レベル3

※社内のことなので we を「弊社」や「当社」と表現する必要はない。
※2行目において、but よりも however を使うほうが品格レベルが1つ上がる。なお、but では文を始めないほうがよい。「それが正しいと思っていたが、間違っていた」という文で例を示そう。

We thought it true; however, it was wrong.　レベル3
We thought it true, but it was wrong.　レベル2
We thought it true. But it was wrong.　レベル1

　先ほどの文章で、3つ注目しておきたいことがあります。
　1つは、時制に関することで、「古い情報」は過去形で、「新し

い情報」は現在完了で書かれている点です。

　　We already announced... ［過去形］過去の単純な話
　　We have changed... ［現在完了］現在にも影響がある話

　たとえば、He went there.（彼はそこへ行った）と He has gone there.（彼はそこへ行ってしまった）は違います。He went there. においては現在の彼についての情報はわからないが、He has gone there. の場合、「彼は現在ここにはいない」ということがわかります。現在に影響を与えているのは現在完了ということになります。
　2つめは、however の使い方です。次のように、3種類あるので、注意しておきましょう。

　　① We thought it true; **however, it** was wrong. レベル3
　　② We thought it true. **However, it** was wrong. レベル2
　　③ We thought it true. **It, however**, was wrong. レベル1
　　※①から③の順に however の用法がくだけたものになる。

　最後に、先の文章の We hope... レベル3 の品格度を高めてみましょう。

　　We earnestly hope you will kindly favor us with your attendance.
　　万障繰り合わせの上、ご来場いただければ光栄です。 レベル5
　　※ earnestly, kindly という副詞と favor us with...という表現で品格度を高めている。

感謝 (GRATITUDE)

◆書類の誤りの指摘に対するお礼

ものを書いていると誤植のある場合があります。誤植を指摘されたら、すぐにその指摘に対するお礼をしておきましょう。お礼の品格度を高めるためには、すぐにお礼の言葉を述べることです。もちろん、言い方(how)と言う内容(what)が大切なことに変わりありません。

苦情処理を即座に行っても、お礼はつい後回しになりがちです。しかし、顧客とのよい関係を保つためには、お礼をきちんとするという単純なことこそ重要なのです。

品格表現のコツ その6

高度な言葉(big word)を使うほど、レベルが向上する。

たとえば、名詞では、indebtedness（恩義）や thoughtfulness（思いやり）や acknowledgement（謝辞）など、形容詞では heartfelt（心からの）や grateful（ありがたい）など、レベルの高い単語を用いると、品格度は3以上になります。

　　We wish to express our thanks. レベル3
　　We wish to express our heartfelt thanks. レベル4
　　We wish to make an acknowledgement. レベル4
　　We wish to make a grateful acknowledgement. レベル5

では、具体的に、書類の誤りを指摘されたことに対する感謝の言葉を示してみましょう。

表22　書類の誤りの指摘に対するお礼

レベル5	We wish to express our deep **indebtedness** to you for your indication of an error in our document.
	We wish to make a grateful **acknowledgement** for your indication of an error in our document.
	We are deeply **grateful** for your indication of an error in our document.
レベル4	We thank you from the bottom of our heart for your finding of an error in our document.
レベル3	Thank you for your thoughtfulness in pointing out an error in our document.
レベル2	It was very kind of you to point out an error in our document.
レベル1	Thank you for pointing out an error in our document. （thank youの後に直接相手の行動を示している）
レベル0	You pointed out an error in our document. （感謝の言葉を使わず、相手の行動を描写している）

※＜レベル2からレベル0表現＞は、書き言葉というよりも、話し言葉である。話し言葉では、同じ表現でも1つレベルが上がる。

参考：acknowledgement を使った応用表現

This basket of fruit is a slight acknowledgement of your constant kindness. レベル4
この果物は普段のご親切に対するほんのお礼の印です。

お祝い（CONGRATULATIONS）

◆創立記念日に対するお祝い

　会社の歴史には節目があり、創立50年となれば大きな節目でしょう。創立50周年を迎えた取引先の会社に対して、どのような言葉を贈るといいか、考えてみましょう。
　その文章は、品格的には、3部で構成されるのが望ましいといえます。
　　①まずは、「創立50周年」のお祝いの言葉を述べる。
　　②次に、具体的なコメントを入れる。
　　③最後に、今後ますますの発展に対する祈りの言葉を述べる。
　それぞれの段階での表現例を示してみます。

表23　①お祝いの言葉の表現例

レベル5	We would like to offer our congratulations on the occasion of the 50th anniversary of the founding of your organization.
レベル4	Our sincere congratulations on the 50th anniversary of the founding of your organization.
レベル3	Congratulations on the 50th anniversary of the founding of your company.（sincereがない）
レベル0	Fifteen years have passed since the founding of your company. ※客観的陳述なので、お祝いの言葉として利用できない。お祝いの言葉としてはレベル0。

表24 ②具体的なコメントの表現例

レベル4	Your company has achieved the remarkable rate of growth in your recent five years. 貴社は最近5年で急成長を遂げられました。
レベル4	Over the past seven years, we have enjoyed doing business with you <u>to the fullest.</u> 過去7年間、貴社と取引ができたことを非常に光栄に思います。
レベル4	You have currently made an outstanding showing in producing <u>state-of-the-art</u> electric appliances. 最近、貴社は最新の電気製品の生産に目覚しい業績を上げられています。

※プラスイメージの単語やイディオム（下線部）を入れると、レベルが上がる。
下線部の表現がない文は＜レベル3表現＞になる。

表25 ③お祈りの表現例

レベル4	We wish you a continuous and outstanding success and prosperity in the future. 今後益々のご繁栄をお祈り申し上げます。
レベル3	We look forward to a continuous success and prosperity in the future. 今後益々のご繁栄をお祈りします。

POINT ▶ 形容詞や名詞をたたみかける（下線部）とレベルが1つ向上する。

お悔やみ（CONDOLENCES）

◆親族の死亡に対するお悔やみ

　言葉の使い方に一番気を使うのは、悲しいことがあったときですね。取引先でお世話になっている担当者のお父さんがなくなったと聞いた場合の哀悼の言葉を考えてみましょう。

　会社を代表するweよりも、個人の言葉のほうが望ましいでしょう。以下はすべて「心から哀悼の意を表します」の意味です。

表26 「追悼の意」の表現

レベル5	Please accept my heartfelt condolences in this hour of sorrow. ※deathという言葉を用いないので ＜レベル5＞
レベル4	Please accept my sincere condolences on the death of your father. ※sincereを使用しているので ＜レベル4＞
レベル3	Please accept my condolences on the death of your father. ※sincereがないので ＜レベル3＞
レベル2	I express my regret over your father's death. ※condolencesを用いないので ＜レベル2＞

※「哀悼の意を表する」は express [present, extend] my condolences to a person (故人) とも表現できる。

※ we を用いた表現例。

We lament his death and extend our sympathy to his bereaved family.　レベル4　（← lamentという高度語を使用）
我々は彼の死をいたみ、遺族に対し哀悼の意を表します。

　さて、ビジネスレターやメールで、いきなりこのような表現を切り出すのはぶっきらぼうな感じがします。

　「お父様が亡くなられたとお聞きし驚きました」に相当する表現を入れて文章を始めるのが望ましいでしょう。

第2章 ビジネス場面の品格表現

表27 死の知らせを聞いたことを表現する方法

レベル0	I heard of your father's death. 僕は君のお父さんが死んだって聞いたよ。 ※客観的記述はお悔やみとしては＜レベル0＞。
レベル2	I was **surprised** to hear of your father's death. 私はあなたのお父さんの死のことを聞いて驚きました。 ※surprisedを入れるとレベルが向上する。
レベル3	I was **greatly surprised** to hear of your father's death. 私はあなたのお父さんが亡くなられたことをお聞きし大変驚きました。 ※greatlyを入れるとさらにレベルが向上する。
レベル5	I was **all extremely saddened** to hear of your father's death. 私は貴殿のお父様が亡くなられたとお聞きし、大変悲しく思います。 （日本語では現在形が自然） ※saddenedのような悲しみを表す表現に変えると＜レベル4＞、all extremelyなどの表現を加えると＜レベル5＞になる。

※＜レベル0表現＞は男性の場合。

まとめ

品格表現作文において、特に重要なことをまとめておきたいと思います。

品格表現のコツ その7

プラスイメージの言葉を添えるほど、レベルが向上する。

これまで、deep indebtedness、a grateful acknowledgement、sincere congratulations、an outstanding showing、heartfelt condolences、greatly surprised などの表現が出てきましたね。これらの表現の下線部はプラスイメージ（または強調表現）の言葉ですね。このような言葉（下線部）を添えると、英語表現における品格度は上がります。例を挙げてみましょう。

(1) 彼女はゲストを歓迎した。
 a. She gave her guests a reception　レベル1
 b. She gave her guests a hearty reception.　レベル2

(2) 私はその職務に関心がございます。
 a. I have an interest in the position.　レベル2
 b. I have a great interest in the position.　レベル3

(3) 会議は成功だった。
 a. The meeting was a success.　レベル1
 b. The meeting was a great success.　レベル2
 c. The meeting was a signal success.　レベル3
 ※ signal は big word なのでレベルがさらに上がる。

品格表現のコツ その8

プラスイメージの言葉を重ねるほど、レベルが向上する。

　これまで、continuous and outstanding や success and prosperity など、たたみかけるような表現が出てきましたね。

　このように、1つの単語（または熟語）ではなく、よく似た単語（または熟語）をたたみかけることにより、レベルを上げることができます。

　(4) は単語をたたみかけた例で、事故見舞いに使える表現、(5) は熟語をたたみかけた例で、会社案内に使える表現です（下線部参照）。

(4) きっと数週間で痛みも取れて起き上がれるでしょう。
　　a. You must be up and about in a few weeks free from all the aches. レベル3
　　b. You must be up and about in a few weeks free from all the aches and pains. レベル4
(5) 弊社はよりよい労働環境を提供する努力を怠りません。
　　a. We are endeavoring to provide better working conditions for our staff. レベル3
　　b. We are endeavoring to provide better working conditions and adequate remuneration for our staff. レベル4

TIPS

英語の特徴その2　多義語が多い!

　ビジネスで使われる基本的な単語に意味が多いということは、noteやbillの例（→p.58）からもわかりましたね。これは英語全体の特徴です。似ている単語chargeとchangeの例を挙げてみましょう。

(a) chargeの場合

　　請求する、つけで買う、非難する、充電する、代金、告発、非難、責任、世話、命令、充電、突撃

(b) changeの場合

　　変える、交換する、両替する、着替える、乗り換える、変化、乗り換え、小銭、つり銭、気分転換

本章で頻出したannounceですら「公表する、発表する」以外の意味もいくつかあります。示してみましょう。

(c) announceの場合

a. announce for an event（…のアナウンサーを務める）

b. announce for governor（知事選に立候補する）

　英語の特徴として、同義語が多い（→ p.67）という点と多義語が多いという点の2つを挙げました。つまり、1つの意味に対して多くの単語が存在し、その単語1つ1つは多くの意味をもつ可能性があるということです。これは、英語の単語の特徴です。

　日本語の「素晴らしい」の同義語をどれくらい挙げることができますか？　英語はすごく多いですよ。和英辞典で調べてみてください。

　また、「作る」という単語は多義語とはいえないでしょう。英和辞典で、「作る」に相当する単語 make と比べてみましょう。make がどれほど意味が多いかがわかるでしょう。

イギリス上流階級の「品格ある英語」 vol.5
〜要注意! 貴族が絶対に使わない表現〜

「はじめまして」にご注意を

　貴族（aristocrats）なら絶対に言わない表現は、実はまだまだあるんです。その1つが、なんと初対面の挨拶の言葉「はじめまして」です。
　私の場合、小学校の頃に
　　How do you do?
を習い、高校生になって、ビジネス場面では普通、
　　I am pleased to meet you!
を使うと教えてもらいました。そして、pleased の代わりに glad や nice、delighted という形容詞でもよいと習った記憶があります。
　勝手に「How do you do? はもう古臭くて使わないのかな…」などと考えていたのですが、実は大間違いだったんです!
　上流階級の人が初対面で使うのは、
　　How do you do?
であって、I am pleased to meet you! は「死んでも使わない!」のだそうです。それは、英文法を知っていると容易にわかります。

　I am pleased to meet you. の am pleased の部分に注目してくださいね。「be 動詞＋過去分詞形」になっていて、いわゆる「受身」または「受動態」と呼ばれる形でしょう？　please や delight は「（主語が目的語を）喜ばせる」という意味の他動詞なので、実は「うれしい」という表現は英語にはなく、
　　I am pleased to *do* 〜 .　（to *do* してうれしい）

COLUMN

というように、直訳すれば「to *do* して喜ばせてもらった」と表現します。（ちなみにI am happy.を「私は幸せです」だと思っているかもしれませんが、これはもっと軽い意味で、「不満はない」「これでいいわ」ぐらいの意味だと覚えておきましょうね）

I am pleased to meet you.を正確に訳すと「あなたに会うことで、喜ばせてもらった」という感じになります。つまり、だれかから何かを「してもらう」という「施し（?）を受ける立場にある」ことが、微妙に伝わってくる表現だったのですね。誇り高い貴族、当然使わないってことかしら。

例のケイトさんのお母様、開口一番でこの表現を使ってエリザベス女王さまの顰蹙を買ってしまったらしいのでした。

女王様に対しては、

　　　How do you do?

と言うべきだったんです。

小学校のとき習ったこの挨拶は、なんとイギリス貴族風の英語だったんですね。何を考えて、当時の文部省、こんな表現もってきたんだろぅ…。しっかり調査しておいてほしかったなぁ…。

COLUMN

「Pardon?」が階級を表す?

　貴族(aristocrats)が絶対に言わない表現の例としては、ほかに「聞き返すときの表現」のPardon? があります。普通、「なんですって? もう一度言っていただけますか?」と伝えたいときは、

　　Pardon?

と聞き返せばよいと習いますが、この表現も、貴族は決して使わないのです。つまり、使うことはタブーだというわけ!

　pardonは15世紀の後期ラテン語から発生した単語で、もともとはpardonare「譲る」という意味をもっていました。ですから、

　I asked for her pardon.（彼女の許しを懇願した）

のように使います。（「許しを請う」なんて浮気でもしたのかしら?　なんて思ってしまいますよね）

　では、聞き返すときはなんと言うのかというと、ごく普通に疑問文を繰り返すだけだそうです。

　　What did you say?（なんて言ったの?）

　「…。ずいぶん偉そうね」と感想をもらした私に、貴族の友人は「だって貴族だもん!」。

　…そうなんだ…。

　実は貴族の英語が、必ずしも「品があって優雅」というわけでもないんですね。

　ちなみにwhatのaの部分の発音は [ɑ] ではなく [ɔ]。「ウ**オ**ット」に聞こえます。私もイギリス留学中に「ウ**オ**ット」に慣れてしまい、帰国後、軽そうなヤンキーの兄ちゃんに「ッ**ア**ット」と発音を訂正されて気分を害したことが…。

　「感じわるぃ〜」と日本語で言ってしまった、品格のない私でした。

He is common. の意味、知ってます?

　Pardon という言葉の使い方の1つにも、裏になにやら特権意識が見え隠れしているのが「上流階級の表現」なのでしょうね。貴族は「許しを請う」なんてないってことなのかな?

　ほかにも見慣れた表現の中に、私たちがまったく想像もつかない意味がひそんでいるものがたくさんあります。

　たとえば、
　　He is common.
とアメリカ人が言うと、「彼は普通よ」「よくいるタイプよ」など、何か特別でなく、いい意味でも悪い意味でも「普通」であることを表しますね。

　が、ひとたびこの表現が、イギリス上流階級の人の口から発せられるや否や、意味が様変わりして、
　　He is common.（彼は中流階級の人間だよ）
となるのです。

　確かに、日本で会うイギリス人は、そのほとんどが中流階級出身のような気がします。

　あくまでも、私の経験において、ということなのですが…。

第3章

品格のある感情表現

◆ 感情的な人こそ、品格者

　人間は基本的には感情をもっています。うれしいときには喜び、悲しいときには悲しみます。

　不思議なもので、本当にうれしいときは、「私はうれしい」という言葉を使いません。英語でも同じです。非常にうれしいときに I'm happy. と、真顔で言いません。

　たとえば、試験に合格したとき、「私はうれしい」などと客観的に述べる人はほとんどいません。「やった!」「うわー、すげえ!」のような言葉が飛び交うでしょう。これが本当の感情表現です。

　人間、落ち着いていることは悪いことではありませんが、「品格のある人はいかなるときでも落ち着いていなければならない」ということはありません。人間は感情を出してこそ、ほかの人との「極めて人間的なふれあい」ができるのです。

　偽の品格者は、いかなる場合でも澄ましているでしょうが、真の品格者は、その場その場で豊かに感情を表現するでしょう。

　感情が高ぶっているときに発する表現でフォーマルなものは稀です。むしろ、「品」のレベルが下がります。しかしそれでいいんだと、私は考えています。

　「やった!」のような純粋に心から出る感情表現は、第2章で述べた品格レベルの視点からはレベル0の表現です。実は、レベル0表現は、人間の理性による加工を施していない、自然に口をついて出たありのままの表現なのです。

　ちなみに、丁寧度（＝P度）や正式度（＝F度）を無視した主観的な表現はレベル0です。
　つまり、こういうことです。

主観的な感情表現→レベル0

客観的な記述表現→レベル1以上

そして、自分のことを客観的に言うとき、レベル1から1.5、他人のことを客観的に言うときレベル2以上になります。

真の品格者は、上記の表現をうまく使い分けます。別の言い方をすれば、主観的表現と客観的表現を適切な環境で使える人が、真の品格者ということになります。

さて、大学受験で合格発表を見て、自分の受験番号があったときの喜びは、英語では次のようになります。

① I did it!（やったー） レベル0
② I got in!（[大学に] 入れた） レベル0

※②を訳すと「私は入れたよ!」のようなことになるが日本語では、このような言い方はしません。

TIPS

I made it! のニュアンス

I made it!は、I did it!と同様、何かがうまくいったときに使いますが、大学合格のような状況よりも、電車に間に合ったときや、仕事がうまく完成したときなどに用いることが多い表現です。

客観的に人の成功を予想するような文脈で使うこともあります。たとえば、次のような言い方ができます。

I think Rebecca will make it as an actress.

（私はレベッカが女優として成功すると思う） レベル2

◆ 西洋人にとって信頼できる人とは?

　一般に西洋人は、YesとNoがはっきりしているといわれています。次のような表現で、教育されたりします。

　You should say what you mean and mean what you say.

　直訳すると、「あなたが意味することを言って、言っていることを意味するべきです」となります。

　つまり、what you mean（＝思っていること）を言うと同時にwhat you say（＝言っていること）は思っていることでなければならないということです。裏表がなく、本音と建前の使い分けがほとんどない人が理想ということですね。

　西洋人にとって、このような人が誠実で信頼できる人なのです。

TIPS

本音と建前を表す気の利いた表現

Do you really mean what you've said?
今の言葉は本音ですか？ レベル2

What you say and what you think are different, right?
君の言っていることは本当か？（＝君は本音と建前を使い分けているだろ） レベル1

What she says is completely different from what she actually thinks.
彼女の本音はまったく違っていますよ レベル2

※第3者のことを述べる場合は、感情を伴わない客観的なことが多いので、ほとんど<レベル2表現>となる。

◆ 出された食事がまずい場合どうするか？

　誠実な人は、裏表がなく、心に思うことを述べる人だとわかりましたね。しかし、人生、これだけではうまくいかないのも事実です。

　たとえば、知人や上司、さらには、かなり気を使うべき人に、その方の家に招待されたとしましょう。食事を出していただきました。

　さあ、その食事がまずかった場合、「お食事はどう?」と聞かれて、あなたはどのように反応しますか。

　Say what you mean（本音を言う）という原理から、「はい、おいしくないです」とは言えないですね。

　このことは、白黒をはっきり言う西洋文化圏でも、はっきり言うと失礼になります。

　西洋人は、公式の場では、堂々と意見を述べるのですが、プライベートな会話では、けっこう気を使うものです。だから、食事を作ってくれた人がVIPであったら、It tastes good.（おいしいです）、I like it.（気に入りました）のような言い方をするでしょう。

　さて、このような場合における応答に関して、丁寧さ（P度）で分類したものを、さらに正式さ（F度）[=堅さ] で分類すると、次ページの表28のようなマトリックスができます。

TIPS

「おいしそう」を英語で表現する
It makes my mouth water.（waterは「よだれが出る」の意味）
おいしそうでよだれが出るよ。 レベル0 ～ レベル1
She ate the pie with great relish.
彼女はそのパイをおいしそうに食べた。 レベル2

表28　気を使う相手に対する表現（目上の相手が食事を作ってくれた場合）

レベル5 It tastes good, I think, but personally I don't really care for this kind of food.	P度 Polite	F度 Formal
レベル4 I'm afraid to say I don't really like this kind of food.	P度 Polite	F度 Standard
レベル3 Sorry to say this, but I hate this kind of food.	P度 Polite	F度 Casual
レベル2.5 I don't really care for this kind of food. [not… care forを使う]	P度 Common	F度 Formal
レベル2 I don't really like this kind of food. [not likeを使う]	P度 Common	F度 Standard
レベル1 I hate this kind of food. [hateを使う]	P度 Common	F度 Casual
レベル0 If I am allowed to say straight-forwardly, this is not at all tasty. [きちんとした言い方だがきつい]	P度 Impolite	F度 Formal
レベル-1 It is not delicious. [客観的記述]［相手への批判］	P度 Impolite	F度 Standard
レベル-2 Oh, my God, you are a terrible cook. [相手の能力の否定]［相手に対する非難］	P度 Impolite	F度 Casual

　大切なことは、相手の能力のなさを強調するのではなく、自分自身の好き嫌いの問題にするということです。マイナスイメージのことを言わなければならないとき、自分の好き嫌いの問題にするのが、品格者といえるのです。

◆ 相手が変われば、言葉も変わり、品格度も変わる

ところが、何でも話せる友人、自分のところに来ている見習いの立場の人になら、P度（丁寧度）の尺度が変わります。つまり、少々きつく言っても、丁寧度のレベルが落ちることはありません。

また、P度は、表現方法（たとえばI'm afraidなどをつけるなど）ではなく、表現内容を変えること（＝まったく違うことを言うなど）によっても変わってきます。

次に、気楽に何でも話せる友人が作ってくれた食事に対して「まずい」と表現する場合を考えてみましょう。P度は上がる傾向にあり、全体的な品格度は上がっています。

表29　気を使わない相手に対する表現

レベル4 I don't really care for this kind of food.	P度 Polite F度 Standard
レベル3 I don't really like this kind of food.	P度 Common F度 Standard
レベル2 I don't like this kind of food.	
レベル1 I dislike this kind of food.	
レベル0 I hate this kind of food.	
レベル-1 I abominate this kind of food.	P度 Impolite F度 Formal

＜レベル－1表現＞を見てください。堅い表現を使っても丁寧とは言えない場合があるということを覚えておきましょう。
　特に、マイナスイメージの高い言葉は、Ｆ度（表現の堅さ）が高くなりますが、決して丁寧ではありません。
　とにかく、レベル－1以下の表現を使わず、レベル0からレベル4を使い分けできる人が品格者であると言えると思います。

　さて、人間の感情にはいろいろありますが、感情を表す表現自体は大きく10に分類できるのではないかと、私は考えています。すなわち、次の10分類です。

　　1 喜び（笑う行為を伴うのが普通）
　　2 悲しみ（泣く行為を伴うことが多い）
　　3 怒り（怒る言葉と行為を伴う）
　　4 驚き（びっくり）
　　5 落胆（がっかり）
　　6 感動（素晴らしい！という感情）
　　7 興味（面白い！という感情）
　　8 激励（相手への励まし、自分自身のやる気）
　　9 他者分析（プラス発想の批判、マイナス発想の非難）
　10 自己分析（自信があれば自慢、自信がなければ卑下）

　心の中を表す表現に、上記の10種類があると考えましたが、具体的に、それぞれの感情を英語ではどのように表すのか見てみましょう。

第3章 品格のある感情表現

喜びの感情表現

日本語で「うれしい」と訳せる表現

まず喜びを表す形容詞「うれしい」を用いた日本語文を考え、それを英語でどう言うかを示しましょう。平均品格度を レベルX で示しています。

(1) レベル3 お目にかかれてうれしく思います。
 レベル2 I'm glad to meet you.
(2) レベル1 それを気に入ってくれてうれしいよ。
 レベル1 I'm glad you like it.
(3) レベル2 そういうことを聞くとうれしくなる。
 レベル2 That makes me happy.
(4) レベル3 お手紙うれしく拝見しました。
 レベル3 I have read your letter with great pleasure.
(5) レベル1 うれしくてたまらないんだ。
 レベル2 I cannot contain myself for joy.
 ※ contain は「落ち着かせる」の意味。
(6) レベル2 私は彼のために何かできるだけでうれしいんです。
 レベル1 I'm just happy that I can do something for him.
(7) レベル2 彼女からのプレゼントが大変うれしかった。
 レベル2 Her present delighted me.
 レベル2 [=She delighted me with her present.]
(8) レベル2 大変うれしいことに、娘は弁論大会で1位をとった。
 レベル2 To my great delight, my daughter won the first prize at a speech contest.

91

品格表現のコツ その9

be+形容詞の構文は、beを省略しないほうが、品格度が向上する。

(1) の「お会いできてうれしいです」を、レベルを少しずつ上げて言ってみましょう。

Glad to meet you. レベル1
I'm glad to meet you. レベル2
I'm very glad to meet you. レベル3

POINT ▶ veryを入れると品格度が少し上がる。

品格表現のコツ その10

仮主語itを用いると品格度が上がる傾向がある。

(3) の「そういうことを聞くとうれしくなる（That makes me happy.)」を、仮主語 it を用いて表してみましょう。

It does my heart good to hear such a thing. レベル3
直訳：そのようなことを聞くことは私の心によいことをもたらす。
意訳：そのお言葉をお聞きし、大変うれしく存じます。

そのほかの表現

(1) レベル2 我々は楽しい夕べを過ごした。
　　レベル2 We had a pleasant evening.

(2) レベル2 彼女と一緒に歩くのは楽しかった。
　　 レベル2 It was a pleasure to walk with her.
(3) レベル2 彼は付き合って楽しい人だ。
　　 レベル2 He is good company.
　　※この場合 company は「会社」の意味ではない。
(4) レベル3 お幸せに！
　　 レベル3 I wish you every happiness.
(5) レベル4 素晴らしい旦那様がおられお幸せですね。
　　 レベル3 You must be happy to have a good husband.

品格表現のコツ その11

wishはhopeやwantより品格度が高い。

「お幸せに！（I wish you every happiness.）」をほかの表現で表してみましょう。

　I wish you every happiness. レベル3
　I hope you'll be very happy. レベル2
　Be happy, dear. レベル1 ［親しい人に用いる］
　参考：I don't wish to give you any trouble. レベル3
　　　（ご迷惑はおかけしたくないんです）レベル3
　　　I don't want to give you any trouble. レベル2
　　　（迷惑はかけたくありません）レベル2
　　　I don't wanna give you any trouble. レベル1
　　　（迷惑かけたくないよ）レベル1

悲しみの感情表現

日本語で「悲しい」と訳せる表現

(1) レベル1 試験に落ちて悲しいよ。
　　 レベル2 I failed the exam and I feel miserable.
(2) レベル2 善悪の区別がつかない人がいるのは悲しい。
　　 レベル2 What a pity that there should be people who cannot tell right from wrong!
(3) レベル3 その知らせを聞いて私は悲しく思います。
　　 レベル3 It distresses me to hear that.
(4) レベル2 あまり悲しくて涙も出なかった。
　　 レベル2 I was too much overwhelmed with grief to weep.
(5) レベル1 悲しいことに彼女に振られたよ。
　　 レベル1 I'm sad. My girlfriend gave me the cold shoulder.
　　 レベル0 She blew me off!

品格表現のコツ その12

　一般に口語はレベル1、俗語はレベル0〜−1、卑語はレベル−1〜−2である。

　(5)の「悲しいことに彼女に振られたよ (I'm sad. My girlfriend gave me the cold shoulder.)」の表現に関して、いくつか例を挙げましょう。以下の文で状況はすべて「彼女に振られる」という点で一致しています。

The trouble is that my girlfriend left me. レベル2
I'm sad. My girlfriend cold-shouldered me. レベル1
Shucks! My sweetheart ditched me. レベル0
Oh, my! I got the frozen mitten. レベル0

TIPS

英語はSVO構文が基本

「仕事はなくなるし、彼女には振られるし…」という状況を英語にしてみましょう。

日本語は「なくなる」に見られるように「なる」(「する」ではない!)や、「振られる」に見られるように「られる」という受け身表現が自然ですが、英語では「SはOをVする」という形、すなわち、SVOの形が自然です。つまり、次のような英語になる可能性が高いのです。

I lost my job and my girlfriend left me.
S V　O　 and　　S　　 V　O
直訳:私は仕事を失い、彼女が私を去った。

怒りの感情表現

日本語で「怒る」と訳せる表現

(1) レベル0 お前には怒ってるんだぞ。

　　レベル0 I'm mad at you.

(2) レベル2 そんなつまらないことで怒らないでください。

　　レベル2.5 Don't let so slight a thing put you out.

　　※ put 人 out で「人を怒らせる」。受け身で用いられることが多い。

　→ レベル2 He is very easily put out.

　　　　（彼はすぐ怒る）

(3) レベル2 彼女はどんな腹立たしいことがあっても怒らない。

　　レベル3 Her temper is equal to any trial.

　(2) の「Don't let so slight a thing put you out.」を言い換えてみましょう。

　　レベル1 Don't get sore at me about such a small thing.

TIPS

mad の使い方

　後ろにくる前置詞によって意味が異なります。

He is mad at me.（彼は私に対して怒っている）

He is mad about her.（彼は彼女にのぼせ上がっている）

He is mad on soccer.（彼はサッカーに夢中だ）

He is mad for a new car.（彼は新車がほしくてたまらない）

怒り方を考える

あなたが先生だったら、授業中寝ている生徒に対して何と言いますか。品格度をだんだん上げていきましょう。

表30 授業中寝ている生徒に対する英語

英語表現	レベル
You, idiot!（コラッ）	レベル−1
Wake up!（起きろ）	レベル0
Are you sleeping?（寝ているのかな）	レベル1
Keep trying.（頑張りなさい）	レベル2
Five more minutes! （あと5分だけです。[→頑張れますか？]）	レベル3

> **品格表現のコツ その13**
>
> 　直接言いたいことを言わずに、間接的に表現すると品格度は上がる。

例を挙げてみましょう。徐々に間接度（→品格）が上がります。

You are just absent-minded.
（ボーッとしてるね） レベル1

Listen to me carefully.
（注意深く聞いてくださいね） レベル2

What I am going to say is very important.
（これから言うことは重要ですよ） レベル3

相手のことを直接表現している最初の文は、避けたほうがよいでしょう。（信頼関係があれば、この表現も相手に対する刺激として機能することがありますが…）

驚きの感情表現

驚きの表現はいろいろある!
「これは驚いた」を表す英語表現を並べてみましょう。

I could hardly believe my ears.（聞いたことに対して）
I could hardly believe my eyes.（見たことに対して）
上の2つはともに レベル3
This came as a surprise. レベル2
This knocked me over. レベル1
What do you say? レベル1
You don't say so. レベル1
Well, I never! レベル1
Oh, my! レベル1
My goodness! レベル1
Goodness gracious! レベル1
My eyes! [=My foot!] レベル0
That beats me. [=Can you beat?] レベル0

TIPS

I am surprised という言い方は不自然

　「驚く」は辞書にbe surprisedとあるからといって、「驚いたなあ」と今驚いている状況をI am surprisedと言うのは不自然です。日本語で「私は驚いています」と言うのと同じで、驚いていないような表現になり、感情がしっかり表されませんね。

　surpriseを用いる表現は、何かに驚いた過去を表すのが普通です。

I was surprised to see her there. レベル1
(私は彼女がそこにいるのを見て驚いた)
She was pleasantly surprised by his unexpected visit. レベル2
(彼女は彼が思いがけなく訪ねてきてくれたので、驚いたがうれしかった)

落胆の感情表現

「がっかりした」を英語で表す

(1) レベル2 それを聞いたときはがっかりしました。
　　レベル2 I felt really let down when I heard it.
　　レベル3 My heart sank when I heard it.

(2) レベル2 お金をなくしたので、がっかりしました。
　　レベル1 I felt down because I lost my money.
　　レベル2 I was heartsick over the loss of my money.

(3) レベル1 彼女が来なくてがっかりしたよ。
　　レベル1 I was disappointed that she didn't come.
　　レベル2 She didn't come, so I was in low spirits.
　　レベル3 She didn't turn up: therefore, I was out of spirits.

(4) レベル1 がっかりするなよ。
　　レベル1 Cheer up!
　　レベル2 Don't lose heart.

品格表現のコツ その14

等位接続詞、従属接続詞、接続副詞の順にレベルが上がる傾向がある。

(3) の「彼女が来なくてがっかりしたよ」のレベル2とレベル3の例文を比べてみると、レベル2では so（等位接続詞）、レベル3では therefore（接続副詞）となっています。

簡単な例で「コツその14」を確認しましょう。それぞれ、「試験

に落ちたのでがっかりした」を表す英文です。

  I failed the exam, so I was disappointed. レベル1
  I was disappointed because I failed the exam. レベル2
  I failed the exam; therefore, I was disappointed. レベル3

※(3)の2番目の英文がレベル2なのは、in low spirits という表現のレベルが高いから。

TIPS

英語はプラス思考様式を特徴とする

 日本語には「…するべからず」や「…禁止」という否定的ニュアンスの掲示が多いのに対し、英語は肯定的なニュアンスの表現を用いることが多い点に注目してみましょう。

(a) [芝生などの前で] 入るべからず
 ○ Keep Off.
 × Don't enter.

(b) 関係者以外立ち入り禁止
 ○ Staff Only.
 × Don't enter except for people concerned.

(c) がっかりするなよ。
 ○ Cheer up!
 ○ Don't lose heart.
※「がっかりするな」は否定でも表せる。

感動の感情表現

「感動した」を英語で表す

「感動した」は、英語では、受動態(be +過去分詞)と能動態(SVO構文が中心)の2種類の表現があります。ただし、能動態の形は、「SV＋人＋副詞句」(＝人を感動させる) が基本となります。「私はその話に感動した」を英語で表してみましょう。

＜受動態＞

I was moved by the story. レベル1
I was touched by the story. レベル1.5
I was affected by the story. レベル1.5
I was inspired by the story. レベル1.5
I was impressed by the story. レベル1.5
I was electrified by the story. レベル2

＜能動態＞

The story moved me profoundly. レベル2
The story touched me to the heart. レベル2
The story inspired me to the core. レベル2
The story touched my heart. レベル2
The story carried me away. レベル2
The story appealed to me. レベル2
The story electrified me. レベル2.5

POINT ▶ 語彙レベルが高いelectrifyを用いると品格レベルが0.5高くなる。

受動態と能動態の品格差

品格表現のコツ その15

感情を表す場合、be動詞を使う形式(=主に受動態)よりbe動詞を使わない形式(=能動態)のほうが、品格レベルが若干高くなる。

上の法則は、感動を表す表現だけではありません。いくつか例を示してみましょう。

(1) レベル1 a. I am irritated by her bad manners.
(彼女の行儀悪さにはいらいらするよ)
レベル2 b. Her bad manners irritate me.
(彼女の行儀悪さにはいらいらします)

(2) レベル1 a. I was pleased at his good manners.
(彼が行儀よかったのでうれしかったよ)
レベル2 b. His good manners pleased me.
(彼が行儀よかったのでうれしく思いました)

※ pleased は現在、形容詞である。be pleased by …なら典型的な受動態の形。

TIPS

感動の強調表現[すべてレベル2]

その博士の講義は我々に大きな感動を与えました。
→We were deeply stirred by the doctor's lecture.
　The doctor's speech produced a great impression on us.
そのことは彼女には何の感動も起こしませんでした。
→The matter left her cold.
　The matter called forth no response in her breast.

興味の感情表現

「興味がある」を英語で表す

「この本に大変興味がある」を英語にしてみましょう。人が主語の構文（＝興味を持つ人が主語になる構文）とものが主語の構文（＝興味の対象物が主語になる構文）の2つに分けて考えてみましょう。

＜人が主語の構文＞
I am very interested in this book. レベル1.5
I have a keen interest in this book. レベル2
I take a great interest in this book. レベル2
I evince a warm interest in this book. レベル3

POINT ▶ evinceという高度語彙を用いると品格度が上がる。

＜ものが主語の構文＞
This book is delicious. レベル1
This book is good reading. レベル1.5
This book is very interesting. レベル1.5
This book is highly amusing. レベル1.5
This book is of absorbing interest. レベル2
This book really appeals to me. レベル2

POINT ▶ ＜of＋抽象名詞＞の構文は品格度が上がる。

※ものが主語の構文の最初の1文のレベルが1なのは、deliciousが口語表現であるため。

be動詞と非be動詞の品格差

> ### 品格表現のコツ その16
>
> 感情を表す場合、be動詞を用いるよりも、普通動詞(be動詞以外の動詞)を用いるほうが、品格度は若干高くなる。

※普通動詞は本書の用語で、have 動詞 (=have) と一般動詞(beとhave以外のすべての動詞)を合わせたもの。

　この法則は、人が主語の構文にも、ものが主語の構文にも当てはまります。そして、興味を表す以外の表現にも使えます。
　「騒音にはいらいらする」の表現
　　a. I am irritated by the noise. レベル1
　　b. The noise is irritating to me. レベル1.5
　　c. My temper grows short. レベル2
　　d. The noise rasps my nerves. レベル3

TIPS

「面白い!」というストレートな感情を表現する
　ストレートな感情は、レベル0表現です。
[how表現] How thrilling!
[what+不可算名詞] What fun!　What sport!
[what a+可算名詞] What a lark!　What a hoot!

激励の感情表現

「がんばれ!」を英語でどう言うか?

競技などでライブの応援するときの「がんばれ!」と、試験をこれから受ける人に対する「がんばれ!」は少し違います。ライブのほうが激しくなるので品格度は<レベル0>です。

 <ライブの激励表現>
 Hold out! レベル0
 Stick to it! レベル0
 Show your nerve! レベル0

 <これからの激励表現>
 Do your best! レベル1
 Try hard! レベル1
 Good luck! レベル1.5

※ Good luck! は「じゃあね」など別れるときの挨拶にも使えるが、試験を受けに行く人に対しても言える。

やるだけのことはやったので、あとは「よき運を!」と発想するGood luck! が、日本語の「頑張ってね」にあたります。品格度も若干高くなります。

TIPS

nerve という単語に要注意

① nerve（不可算名詞）で「勇気、気力、精力」の意味
　He had nerve enough to say so. レベル2
　（彼はそう言うだけの勇気があった）

② the nerve で「ずぶとさ」を暗示
　She had the nerve to break into the line. レベル1
　（彼女はあつかましくも列に割り込んだよ）

③ nerves で「いらいら」のニュアンス
　You're all nerves, aren't you? レベル1
　（君は神経過敏だね）

※相手に対する批判的内容の英語は品格度が下がる。

激励の表現は間接的であると品格が高くなる

激励の表現は、直接「がんばれ」と言うだけでなく、深みのある表現を用いる方法もありますね。失敗した人に対する言葉を挙げてみましょう。以下の激励3文はすべてレベル3です。

① Successful people consider failures to be part of success.

　成功者は失敗を成功の一部と考えるよ。

② Successful people are not those who never fail in anything but those who are not defeated by any failures.

　成功者は失敗をしない人ではなく、失敗に負けない人です。

③ It is better for us to reflect optimistically rather than to repent pessimistically.

　クヨクヨ後悔するより、ヨクヨク反省するほうがいいよ。

※ had better を用いると、若干偉そうなので＜レベル1表現＞になる。

他者評価の感情表現

非難と批判は違う

相手に対する非難は相手を悪く言うこと、相手に対する批判は相手のために助言をすることなので、まったく違いますね。

しかし、その2つに共通して使える英語表現があります。「それはだめだよ!」という表現です。この表現の後が、まったく当たっていなければ非難になり、当たっている建設的な意見ならば批判になるからです。

「これではだめだよ」
This is no good. レベル2
This is out of the question. レベル2
That won't do. レベル1.5
That's not the way to do it. レベル1.5
That's a no-no. レベル1
No way!（そりゃだめだ）レベル0

※ No way! は相手に何か言われたら、それに対していやだ！ という表現。

Why don't you talk to him?（彼に話しかけてみたら?）
No way!（やだよ!（=やなこった!））

> **TIPS**
>
> **英語には「非難」に関する表現が多い**
> ①非難のABCDEF（人を事が原因で非難する）
> **a**ccuse 人 of 事/ **b**lame 人 for 事 / **c**harge 人 with 事/ **d**enounce …を公然と非難する/**e**xcoriate ［文語］…を酷評する/**f**ulminate ［文語］…をどなりつける ［at/against ...］
> ②非難を表す単語にcで始まるものが多い。
> **c**ensure、**c**ondemn、**c**astigate、**c**riticize badly

上手な批判の方法

たとえ、悪意のない批判であっても、相手には言いにくいものです。前置きの言葉を利用すると、批判の言葉全体の品格度が向上します。

① 和らげる表現

I am afraid to say that ... レベル3
（残念ながら……と申し上げなければなりません）
I hate to say this, but ... レベル3
（申し上げにくいのですが……）

② 譲歩する表現

I may be wrong but ... レベル3
（私は間違っているかもしれませんが……）
If my memory is correct, ... レベル2
（私の記憶が正しければ……）

自己評価の感情表現

自慢する表現

(1) 私は自分の仕事を誇りに思います。

　　レベル1.5 I'm proud of my work.

　　レベル2 I take pride in my work.

　　レベル2 I pride myself on my work.

(2) それはあまり自慢にならないですね。

　　レベル2 It's nothing we should feel proud of.

　　レベル2 It is not much to boast of.

　　レベル2.5 It is not very much to our credit.

(3) 自慢ではないが、私のプレゼンは大受けだった。

　　レベル2 I may venture to say that my presentation has met with much favor.

　　レベル2 Maybe I'm allowed to flatter myself saying that my presentation was quite successful.

(4) 彼女に援助を求めることは彼のプライドが許さなかった。

　　レベル2.5 His pride prevented him from asking for her help.

　　レベル2 His pride didn't allow him to ask for her help.

　　※prevent 人 from doing...は「人が……するのを防ぐ」つまり直訳、「人は……しない」という意味。この構文は口語レベルが下がるので品格度は上がる。

　　例：Nothing will prevent him from going to the U.K.(=Nothing will prevent his going to the U.K.)（どうしても彼はイギリスに行くでしょう）

第3章 品格のある感情表現

卑下する表現

(1) 彼女は息子のことを謙遜する。

　　レベル2 She is modest about her son.

　　⇔ レベル2 She is proud of her son.

(2) 卑見によれば、彼女が言うことはある程度当たっていると思います。

　　レベル3 In my humble opinion, there is some truth in what she says.

　　※ humble（謙遜な）という単語を入れるだけでレベルが向上している。humble がない次の表現は＜レベル2＞。
　　例：In my opinion, there is some truth in what she says.
　　（私見では、彼女が言うことは当たっている）

品格表現のコツ その17

主語が第1人称より、第3人称のほうが、品格度は高くなる。

---

proud の例で考えてみましょう。

She is proud of her children. レベル2
（彼女は自分の子供たちを自慢しています）
I'm proud of my children. レベル1.5
（私は自分の子供たちを誇りに思っているよ）

※訳が微妙に違う点に注意。日本語の場合、主語が「私」のとき proud of の訳を「自慢しています」とすると若干不自然。
※2人称主語の場合、相手のよいことを述べるときは品格度が高く、悪口の場合は品格度が低くなる。

まとめ

　空気が読めない表現が、社会的な習慣と関わっている場合があります。たとえば、西洋人は、毎日会う相手でも、How are you?（元気?）という表現を使います。これは、ほとんど決まった挨拶といえるでしょう。

　親しい相手でない限り、How are you? に対して、I am tired. とは言えないし、そう言うのはよくないでしょう。I'm fine. とか Pretty good. など肯定の表現をするのが望ましいわけです。

　友人などには、面白い言葉を投げかけるのは、品格的に問題ないでしょう。私が学生時代、親しくしていた留学生に、いつものごとく How are you? と呼びかけたら、彼は I'm walking and sleeping at the same time.（寝ながら歩いているという状況だよ）というようなことを言っていました。レポートを一晩中書いていたとのことでした。

　さて、この How are you? は、悲しい場面で使うと不適切になる可能性を秘めています。私の知人のアメリカ人が、友人の親の葬式のとき、How are you? と呼びかけて、若干気まずくなった経験があったと言っていました。

　友人が悲しんでいるなら、何も言わず、軽く会釈をして、きちんと弔えば、品格者といえるでしょう。

　言葉をあれこれかけるよりも、沈黙が有効な場合もあるのです。

　　Speech is silver; silence is golden.

　　（雄弁は銀、沈黙は金）

　言葉も大事ですが、言葉がない瞬間も大事だということです。

TIPS

西洋人がHow are you?を連発するわけ

　西洋は太古に、狩猟文化、そして後に牧畜文化が栄えたといわれており、一家の主人である男性は、狩りをしたり動物を扱うのが仕事でした。そのとき大事なのは、主人の健康状態です。そこで、家族はみんな、今日の調子はどう？　という意味のHow are you? を使用したとのことです。これが、現在How are you? が挨拶に使われるようになった背景のようです。

　一方、日本は農耕社会が主流で、家族の主人だけでなく、みんなが協力して農作業をするので、一家の大黒柱の「健康」というより、農業に影響を与える「天候」が気になり、「いい天気ですね」「暑いですね」など天気に関わる挨拶表現が多くなったと考えられています。

　これらは、社会が挨拶という言語表現に影響を与えた例といえます。

イギリス上流階級の「品格ある英語」vol.6
～家庭の会話もやっぱり違うのが貴族～

「おはよう」ではなくて「おはようございます」！

挨拶の仕方も、所属する階級によって少し違うと言われています。たとえば朝の挨拶に、

  Morning.（おはよう）

と言うのは主に労働者階級だそうで、上流階級や中流階級は

  Good morning.

と言うとか。日本語にたとえると「おはよー」と「おはようございます」ぐらいの違いになるのか。

また、夜の挨拶も同様に、

  Evening.（こんばんは）

と言うのは労働者階級だそう。上流階級や中流階級は、

  Good evening.（今晩は）

と言うらしい。でも、こちらは日本語では違いが出しにくいですね。

人と別れるときに最もよく使うのは、

  Good bye.（バイバイ）

これは、階級に関係なく使うということでした。

一方、Cheers! という表現を使う方法もあります。いろいろな本などに「イギリス人は、Thank you. や Good bye. の意味で使う」と書いてあるのですが、実は、これを使うのは主に労働者階級に所属する人々。上流階級の人は決して、この Cheers! を使わないのです。

「cheers をどこかで聞いたわ」と思っている方、そうです、乾杯

COLUMN

の前にグラスを上げて、言うんですね。Cheers! 以外に、

　　Toast!

　　Here's to you!

　　To our happiness!（僕らの幸福に乾杯!）

などとも言うことが可能です。

　余談ですが、アメリカではよく、日本語の「KAMPAI」（乾杯）も使われるんですよ。

　一般的に、文章で「乾杯する」と書くときは toast しか使えず、

　　I made a toast to our happiness.

などとします。

　ただし、乾杯でワイングラスなんかを割るのはユダヤ教の儀式で、結婚式で見られる乾杯の後なんですよ。

ママと呼んではいけません! ～家族に関すること～

　実は、父・母・おじいちゃん・おばあちゃんなどという家族の呼び方も、階級によって微妙に違うのです。上流階級では、

　　母親を Mummy

　　父親を Daddy

　　おじいちゃんを Grandpa

　　おばあちゃんを Granny

と呼びます。日本語で言うと「おかあさま」「おとうさま」「おじいちゃま」「おばあちゃま」となるのでしょうか？

　一方、中流階級では、

　　母親は Mum

　　父親は Dad

COLUMN

　　おじいちゃんは Grandad
　　おばあちゃんは Granma
なんですよ。
　労働者階級では、「お母さん」と「おばあちゃん」という母方の呼び名だけ異なり、
　　母親は Moon
　　おばあちゃんは Gram
で、あとは同じです。日本でよく使われているアメリカ英語では、
　　母親は Mom
　　父親は Dad
　　おじいちゃんは Grandapa
　　おばあちゃんは Grandma
ですよね。つづりが同じだったり、つづり字が異なるのに発音が同じだったりと、なんだか混乱しますね。
　日本の preschool（幼稚園・保育園）では、さまざまな国から来たネイテイブがみんなそれぞれ母国の英語を教えているので、「ママ」のつづりは、
　　「Mom が正しい!」（もち、アメリカ人!）
　　「Mum よ!」（イギリス人［ただし、中流階級］かニュージーランド人）
という風になって、結局 mother としか書けなかったりするんだって!!
　でも、
　　「本当は Mummy が正しいのよぉ～」
なんてせりふが聞けることは、きっとないのでしょうね。
　だって、イギリス貴族は働かない! んだもん。

第4章

英文法の世界と品格

1 英語の本質を探る

最後に、少し視点を変えて、英文法の世界から英語の品格について考えてみたいと思います。

◆ 1文字からなる単語を考える

日本語は1文字からなる単語は、非常に多いですね。
- あ → 驚いたときの感嘆詞
- い → 胃、異、医、意、伊など
- う → 鵜、卯など
- え → 絵、柄など
- お → 尾、緒など
- か → 蚊、課、可など
  :

日本語では、意味のある単語として存在しないのは、ナ行の「ぬ」、ラ行の「れ」および「ん」ぐらいでしょう。

ところが、英語の場合は、1文字語が非常に少ないんですよ。英語では、記号を除いて、次の4つしかありません。

- a 不定冠詞で「ある」とか「1つの」という意味。
- I 人称代名詞の第1人称で「私」という意味。
- O 驚き、恐怖などを表す間投詞。
- x 「…にX印をつける」または「[x out の形で] …をX印で消す」の意味の動詞。[eks]と発音する。
  例：He x-ed out the typo.（彼はタイプミスを消した）

◆ 1文字語のaで英語の本質がわかる!

aという、アルファベットの第1字が、不定冠詞という英文法上、非常に重要な単語になっています。

これは、ものを初めて紹介するときに用います。2回目以降に、そのものに触れるとき、定冠詞（the）をつけて表します。

I bought a book.（私はある本を買ったよ）
The book is interesting.（その本は面白いよ）
I'll lend you the book.（その本を貸してあげるよ）

もちろん、the book は it という代名詞で置き換えることもできます。

TIPS

it は軽い

I'll lend you the book. の文において、the bookをitで表す場合、itは動詞の直後に置きましょう。

× I'll lend you it.
○ I'll lend it to you.

英語では、代名詞は名詞よりも軽いのです。

つまり、こういうことです。

1回目	2回目	3回目	…
a book	the book	the book	…
	（または it）	（または it）	

1回目のみ a で、それ以降は、the をつけた形か、代名詞を用いますね。つまり、1回目だけが重要であることを暗示しているみたいです。

◆ 1文字語のIで英語の本質がもっとわかる!!

　日本語で、「私」を表す表現は多いですね。50歳ぐらいの男性教員が自分のことをどう表現する可能性があるか考えてみましょう。レベル表示もしておきます。

　　　私　　　　目上の人に対して　　　レベル3
　　　僕　　　　同僚の人に対して　　　レベル2
　　　俺　　　　家族や親友に対して　　レベル0
　　　先生　　　生徒に対して　　　　　レベル1
　　　おじさん　近所の子供に対して　　レベル1

そのほかにも、女性なら、「あたし」や「うち」、さらには年配の人の中には「わて」などもありえます。さらに、特に若い人の中には、自分のことをファーストネームで呼ぶ子もいますね。たとえば「ゆうこはね」とか、「さっちゃんはね」とかいう風に。

　日本語は不思議なくらい自分のことを指す表現が多いですね。一方、英語では、自分のことを指す単語は、Iしかありません。レベル5では、Iを表現しない（→ p.33）ので例外ですが、レベル4からレベル0まですべてIを用います。

　　Me like cookies.（僕ちゃんクッキー好きや）　レベル−1

という表現は、教養のなさを露呈しますので使用は控えたほうがよいでしょう。品格者は使いません。

　英語の世界では、I（私）が一番大切です。このことからも、西洋は自己主張を奨励する文化であることがわかるのです。（私などは、英文を見ていると、I, I, I …とIづくしで、本当に自己主張しているなと感じます）

日本では、自己主張をしないことが、品格者であるかのごとく、奥ゆかしさが尊重されますが、西洋では、品格を備えた人こそ、きちんと自己主張します。

自己主張を保証する発想は、個人主義（Individualism）といいますが、これは利己主義（Selfishness）とは違うこと理解しておきましょう。

表31　個人主義と利己主義の違い

個人主義 Individualism	自分の意見を主張するが、相手の意見も尊重する。相手に意見を言う機会を与える。
利己主義 Selfishness	自分の意見を主張するが、相手の意見を尊重しない。相手に意見を言わせない。

ismで終わる語は、きちんとした思想体系をもった考え方を表すのに対し、nessで終わる語は、性格や性癖を表します。日本語は、その点あいまいで、どちらも「主義」で表しています。

◆ 1文字の接尾辞sで英語の本質がさらにわかる!!!

ものの名前を示す名詞という品詞があります。その名詞に、日本語にはない「可算名詞」と「不可算名詞」という分類があります。

可算名詞は「数えることができる名詞」で、不可算名詞は「数えることができない名詞」です。

たとえば、本は、1冊、2冊と数えることができるので可算名詞ですが、水は、1つ、2つと数えることができないので不可算名詞というわけです。

数えることができる名詞には、単数つまり1つのときのみ、名詞の元来の形（名詞の原形とでも表現できる）を用い、2つ以上になれば、

通常すべてsをつけます。

　数えられない名詞は、グラスなど入れ物で数えるしかありません。

可算名詞　　○ a book　　○ two books　　○ three books
不可算名詞　× a water　× two waters　× three waters
　　　　　　○ a glass of water　　○ two glasses of water
　　　※ glass は可算名詞。

　一方、日本語では、sにぴったり当てはまるものはありません。「達」のような複数を表す表現は、人にしかつきません。
　　○ 生徒たち　　○ そこにいる人たち
　　× 本たち　　　× 水たち
しかも、「メアリーたち」という表現は、メアリー、メアリー、メアリーと数えて、メアリーが複数いるという意味ではなく、メアリーを代表とする人たち、メアリーの仲間たちの意味になりますね。だから、日本語の「達」と英語のsとは大違いです。

TIPS

英語の可算名詞、日本語では不可算名詞？

　可算名詞は＜数詞＋名詞＞が直接つながるという特徴があります。だからtwo apples（2個のりんご）におけるappleは可算名詞で、two cups of coffee（2杯のコーヒー）におけるcoffeeは不可算名詞なのです。

　日本語では、「2りんご」、「2コーヒー」とはいえないから、「りんご」も「コーヒー」も、英文法の視点からいうと不可算名詞なのです。

　「3メートル」とか「4トン」とかいえるので、こちらは可算名詞ということになります。ただし、複数を示す接尾辞（英語のs）に相当するものはありません。

日本語は、複数であることを明記する接尾辞で、これだ！　というものはありません。これに対し、英語は、複数の名詞には、sが堂々と鎮座します。

　　one book　two books　three books ...

　1だけが元来の名詞の形で、複数になるとすべてsがつくということは、1つであることが非常に重要であると、英語が主張しているようにも思えます。

TIPS

1を少しでも超えると、もう複数!
　英語では、1のみが単数で、それを少しでも超えたら複数です。
1 meter, 1.0001 meters, 2 meters, 1000 meters …

◆ そこで、英語の本質は?

　本節では、英文法の世界から、英語の品格について何が言えるかを探ってきました。

　英語の品格を理解するには、英語の本質を知ることが先決だ！との考えの下、もっとも、英語の本質が見え隠れしそうな、1文字語（aやI）に焦点を当てたり、1文字接尾辞（複数形のs）に注目したりしました。

　ここで、わかったことは、**英語の世界では、最初が大切で、私が中心で、1つのものが貴重だ**ということです。

　最初が大切なのは、不定冠詞の存在により証明されます。また、私が中心なのは、私を表す表現が単純でIしかないということによりわかります。さらに、1つのものが貴重なのは、1を超えるとすべてs

をつけるという平等な扱いをされるからです。

　つまり、英語の世界では、初めて、私が、1つのものを行うことに価値を置くのです。

　英語の文化圏のこれまでの歴史が、このことを裏付けています。現在最大の英語圏であるアメリカは、いろいろなことにおいてパイオニア的存在（＝初めてのものに挑戦する国）で、個人主義が発達し（＝Iを重視し）、1つのものを極めて特殊視する（＝究極的には、唯一全知全能の絶対神を拝むキリスト教の国といえる）のです。（不思議なもので、Iという言葉は、ローマ数字で1を表し、アラビア数字の1にも似ていますね）

　とにかく、「1番目、私、1つ」という概念が、英語の本質を形作り、それが英語の風格という「格」を生み出していると思われます。英語の核（＝本質）が、英語の格（＝風格）を創出しているのです。

第4章 英文法の世界と品格

2 英語の品詞は奥深い

◆ 英語の品は品詞と関係がある!

第1節で、英語の「格」について述べましたが、では、英語の「品」はどういうものでしょうか。

「品」は心と関係します。品のよい人は、心もきれいです。心の現われが、そのまま、品につながるということは、だれも否定しないでしょう。

さらに、自分の思っていることをどのように表現するかということも「品」のよさと関係します。あまり好きでない人に対して「お前なんか嫌いだ!」というのは、やはり品がないでしょう。

そこで、英語の品を知るのに、英語がどのように「こころ(の中身)」を表す手段を持っているのか、考えてみましょう。

私は言語学者ですが、言語学の立場から、英語において「心を表す手段」を論じる場合、品詞がキーワードになります。

そして、英語の品を知るにも、「品」と「詞(=ことば)」を合成してできる「品詞」が重要な鍵を握っているのです。

◆ 英語の品詞の種類

英語は語順が厳しい言語といわれています。日本語はそうでもないですね。

　　○ I will go to school.　　○私は行くよ、学校へ。
　　× Will go to school I.　　○学校へ行く、私は。
　　× I school to go will.　　○私は学校へ行くよ。

英語は、どんな品詞の前にどんな品詞がくるかが決まっているといっても過言ではありません。

そこで、そもそも英語には、どのような品詞があるか知っていますか。表にしてみます。

表32 英語の品詞とその英語、例および役割など

品詞	その英語	例を挙げると……	主な役割や位置について
名詞	noun	apple, coffee	主語や目的語になる
代名詞	pronoun	I, it, he, she	名詞の代わりになる
形容詞	adjective	nice, beautiful	名詞を飾る
副詞	adverb	very, usually	形容詞や動詞を飾る
冠詞	article	a, an, theのみ	名詞(句)の前につく
前置詞	preposition	at, in, on, from	名詞句の前につく
動詞	verb	be, do, go, give	動作や状態を表す
助動詞	auxiliary	can, may, must	動詞の前につく
接続詞	conjunction	and, or, though	句や節や文をつなぐ
間投詞	interjection	O, wow, shucks	感情をそのまま表す

※shucksは「ちぇっ、くそ」 レベル0 という意味。

◆ 英語の品詞の語順

英語の品詞の種類が10個あることがわかりましたね。そして、英語は語順が厳しいので、これらの品詞を並べる場合、当然語順が厳しくなります。

すべての品詞が並ぶ文を作成してみましょう。

　　O, but you should look at the very beautiful flower.
　　間　接　代　　助　　動　前　冠　副　　　形　　　名
　　ああ、でも君はその非常に美しい花を見るべきだよ。

英語の10品詞をすべて並べるとしたら、上記の順番が原則です。ちょっと大げさな言い方ですが、この10品詞が英語宇宙を構成しているのです。

助動詞と動詞はセットになる可能性が高いので、1つにまとめることができ、名詞と代名詞は同じものを指せるので、これもまた1つにまとめることが可能でしょう。

すると、1文を作るのに、基本となる品詞は、次の6つにまとめるられます。便宜上、第〇品詞という形でまとめます。

接続詞は文と文をつなぐ機能的な役割をするだけなので、また間投詞は感情がそのまま現れる原始的な品詞なので、「文の基本となる品詞」と考えなくてよいでしょう。

表33　英語の基本6品詞

第1品詞	動詞・助動詞
第2品詞	前置詞
第3品詞	冠詞
第4品詞	副詞
第5品詞	形容詞
第6品詞	名詞・代名詞

◆ 基本6品詞は密教的？

日本に本格的な密教をもたらした空海は、この宇宙は、6つの元素から成り立っていると考えました。これを六大（＝宇宙の6つの要素）といいます。それは次のようなものです。

表34 空海の六大

六大	英語	形	ひとこと
識	Mind	無形	精神界を満たしている元素
空	Void	宝珠形	何もない空間　エネルギー
風	Wind	半円形	動くもの　気体
火	Fire	三角形	熱いもの　化学反応
水	Water	円形	柔軟なもの　液体
地	Earth	四角形	硬いもの　固体

※地水火風空の5つは物質界の元素。
※仏教では「真空妙有」という発想があり、本物の空は、まったくの空ではなくエネルギーの満ちた世界。

　私は、この6つの要素と、英語の基本6品詞が似ていると考えています。六大と6品詞は次のように対応すると思われるのです。

表35　六大と英語の基本6品詞の対応

```
識　第1品詞　動詞・助動詞
空　第2品詞　前置詞
風　第3品詞　冠詞
火　第4品詞　副詞
水　第5品詞　形容詞
地　第6品詞　名詞・代名詞
```

◆ なぜ、名詞が「地」、形容詞が「水」なのか？

　「地」とは、宇宙を構成する硬い元素です。これは現代風にいえば、固体ということになるでしょう。一方、「水」とは、流動的な元素ということになります。現代的には液体といえます。
　「地」は、英語宇宙においては、名詞に似ています。というのは、名詞は「ものにつけられた名前」で、流動的ではなく、しっかり定まったものだからです。

「りんご」と呼んでいたものが、ある日突然、「みかん」になることはありえません。それだけ、名詞というのは確固たるものでなければなりません。

一方、形容詞はどうでしょうか。「美しい」という形容詞は、抽象的概念です。「美しい」という言葉が指し示すのが、時代や国や人により異なる可能性があります。

平安時代には、下膨れの人が「美しい」女性とされていたようで、現代の美人とは異なります。現代でも、太った女性が「美しい」人という国もありますね。

つまり、形容詞は流動的で、「水」に相当するわけです。

また、形容詞は、どんな名詞にも、等しくかかっていくことができますが、これがまた、水の特性と似ています。水は、どんな地にもなじんでいきます。この点からも、形容詞の特性が、水に似ています。

◆ 形容詞は「化粧詞」、副詞は「服詞」

英文において、名詞は動詞と共に中心的役割を果たすので、私はかつて「名詞が英文の肉で、動詞が英文の骨だ」と主張したことがあります。

その話のついでに、その肉（＝頭の部分でいえば顔）を飾る形容詞は、まさに顔の化粧に相当するので、「形容詞は化粧詞」などとジョーク的に言いました。

すっぴんの顔（＝裸の名詞）が、社会できちんと機能する（＝コミュニケーションがある程度正確にできる）ように、化粧すること（＝形容すること）は重要ですね。形容詞はまさに、名詞を化粧する品詞といえるでしょう。

その発想の流れでいくと、副詞は「服詞」ということになります。偶然、

「副」と「服」の発音が一致しています。化粧した顔でも、そのまま体を裸にしたまま、町を歩けません。だから、服が必要ですね。

さらに、社会でしっかりやっていく（＝コミュニケーションを潤滑にさせる）には、服装（＝副詞）の力を借りなければなりません。その意味では、副詞は単なる「副えられる言葉」ではなく、積極的に使うべきだと考えています。

事実、英語の世界でも、英会話が非常に上手な人は、副詞の使い方が上手です。（副詞［下線部］を上手に使うとレベル3表現!)

> My opinion is <u>totally</u> different from yours. レベル3
> （私の意見はあなたのとはまったく違いますよ）
> I don't <u>quite</u> understand what you say. レベル3
> （おっしゃっていることがどうもよくわからないです）
> ※ quite を入れなければ横柄に響きます。

◆ ではなぜ、副詞が「火」なのか？

副詞は、正確には、名詞以外の品詞を修飾します。表32で示したように、典型的には形容詞や動詞を修飾しますが、副詞が副詞を修飾する場合もあるのです。（例文はすべてレベル3）

1. A newt is <u>totally</u> different from a gecko.
   （イモリはヤモリとはまったく異なる）
2. A whitebait <u>entirely</u> differs from a white goby.
   （白魚(シラウオ)は素魚(シロウオ)とはまったく異なる）
3. <u>Extraordinarily</u> interestingly, this is true.
   （異常なほど面白いことに、このことは当たっている）

下線を施した部分は副詞ですが、1においては形容詞 different を、2においては動詞 differ を、3においては副詞 interestingly を、それぞれ修飾しています。

　これらの文を見ていると、副詞は、形容詞や動詞、さらには、副詞をも強調しているのがわかりますね。

　その強調するという特性は、「火」の力強さに共通するものがあります。だから、副詞は火に似ていると、私は思っています。

◆ 冠詞が「風」である理由

　冠詞を「冠」の「詞」（＝言葉）という理由は、名詞（1つ）や名詞句（＝形容詞+名詞の塊）の頭につけるものだからです。

　もちろん、a や an は可算名詞でないと、また、可算名詞でも単数でないとつきませんが、the はどの名詞（句）にもつきます。

　　〇 a book　　〇 an apple　　× a books　　× a water
　　〇 the book　　〇 the apple　　〇 the books　　〇 the water

　冠詞は、その名詞（句）が、初めて相手に知らせるものなのか（→その場合 a(n) をつける）、既に話題になっているものなのか（→その場合 the をつける）を明確にする役割を担っています。

　また、1つのものといえるものなのか（→その場合は a(n) をつける）、あるいは1つということがいえないものなのか（→その場合は a(n) をつけない）をはっきりさせることもできます。

　不定（＝相手が知らない、または、はっきり決まったものを指していない）のものであれば、単数の場合、可算名詞なら a(n) がつき、不可算名詞なら何もつきません。複数の場合、可算名詞なら名詞の後ろにsをつけます。不可算名詞で複数はありえません。

不定のもの　可算名詞　　単数　a book, an apple …
　　　　　　　　　　　　複数　books, apples …
　　　　　　不可算名詞　単数　water, coffee …
　　　　　　　　　　　　複数　この形はなし

　言語学的には、冠詞がついていない状態でも、見えない冠詞がついていると考えます。それは「ゼロ冠詞」と呼ばれます。そして、冠詞は名詞（句）を、まさに監視し、名詞（句）をより明確にし、名詞（句）にある種の風格を与えています。どんな名詞（句）、つまりどんな風な名詞（句）のかを明確にするので、冠詞は「風」なのです!

◆ 前置詞はとっても不思議な品詞　その１

　さて、次は前置詞の話です。典型的な前置詞36個のうち、ちょうど半分が、アルファベットのＡとＢから始まっています。そして、Ａで始まる前置詞が9個、Ｂで始まる前置詞も9個です!

　Ａ：at, above, after, among, along, across, around, about, as の9つ

　Ｂ：by, below, before, between, behind, beyond, beneath, beside, besides の9つ

　しかも、above（……の上に）とbelow（……の下に）、after（……の後に）とbefore（……の前に）、また、among（3つ以上のものの間に）とbetween（2つのものの間に）は、ＡとＢの対になっています。

◆ 前置詞はとっても不思議な品詞　その２

　前置詞を意味の視点から分類すると、以下のように8グループに分けることができます。しかも徐々に前置詞の個数が増えていきます。

　1個　of
　　ofは前置詞の王様ともいえる極基本の前置詞
　2個　before after
　　基本的な時間関係を示す基本前置詞
　3個　at on in
　　基本的な空間関係を示す基本前置詞
　4個　over under above below
　　空間の上下関係を示す基本前置詞
　5個　from for toward to into
　　因果関係を示す基本前置詞
　6個　by until during through within since
　　時間関係を詳しく示せる前置詞
　7個　about between among with without besides against
　　人間関係を示す基本前置詞
　8個　around near along across behind beyond beside beneath
　　空間関係を詳しく示せる前置詞

詳しくは、拙書『前置詞マスター教本』(ベレ出版) をご覧ください。

◆ ではなぜ、前置詞が「空」なのか？

さて、このように不思議な前置詞ですが、なぜ、前置詞が「空」に似ているのでしょうか。空とは、何もないように見えて、すごいエネルギーをもっている空間ですね。前置詞もそのような側面があるのです。次の文をご覧ください。

　　John gave Mary a book.
　　（ジョン**は**メアリー**に**本**を**あげた）

何の変哲もない文ですが、この文、前置詞がありませんね。この文を名詞化（＝名詞のようにすること）してみましょう。

　　the gift **of** a book **to** Mary **by** John
　　（ジョン**が**メアリー**に**本**を**あげること）

名詞化したとたん、前置詞が現れましたね。文が進化した状態（＝第4文型）では、前置詞が消える方向にあるのですが、原始的な状態（名詞化した状態）では、前置詞が表面化します。

日本語で、英語の前置詞にあたるのは、助詞（日本語訳の太字部分）です。日本語では、文にも名詞にも、助詞は欠かせません。

前置詞が文中で消えることがあるから「空」的で、しかし、名詞句を作る場合は、堂々とその存在価値を示すので、エネルギーに満ちていると思います。

読者の皆さんも、英語の勉強が進んで、英語が自由に操れるようになったころには、前置詞のエネルギーを、身をもって体験できますよ。

◆ 動詞は「識」に関係する！

唐突ですが、名詞を叫んだ場合と動詞を叫んだ場合を比べてみましょう。

名詞を叫んだ場合　　Apple!（りんご!）
動詞を叫んだ場合　　Go!（[あっちへ] 行け!）

　どちらが意思を伝えることができるかといえば、動詞を叫んだ場合です。相手に明らかに意思が伝わります。「なんか嫌われているな?」とか、「何か危ないのかな?」とか。
　一方、Apple! と聞いた場合は、「いったいりんごがどうしたの?」という感じになるでしょう。
　動詞を単独で用いると、文法的には命令法といって、相手に何かを命令する用法となります。だからこそ、動詞は本質的に相手の心に働きかける力を持っているといってもよいのではないかと私は考えています。だから、動詞は「識」に相当すると考えているわけです。
　「本質的に」といったのは、命令法では動詞の変化形ではなく、原形（＝元来の形）を用いるからです。つまり、元来の形を用いることが、直接相手の心に訴えることにつながるわけです。だから、本質的に動詞は「識」と関係が深いのです。

◆ 助動詞が「識」なのはなぜか?

　助動詞は、まさに、相手との心的交流には、絶対といっていいほど欠かせない品詞です。
　相手にものを頼む場合は、助動詞なしにすませることはできません。第1章で見た、表8（P.33）のレベル1からレベル5までは助動詞が大活躍していますね。レベル0は、助動詞は使われませんが、やはり動詞の原形が使用されています。
　相手の心を動かすには、助動詞が不可欠だということです。心は「品」だったのだから、助動詞が英語の「品」を担っているといっ

ても過言ではないでしょう。

ところで、助動詞には2種類の意味があります。いずれも「心」に関係しています。代表的助動詞について確認してみましょう。

表36 代表的助動詞とその2つの意味

助動詞	相手に対して自分の気持ちを伝える意味	あることに対する自分の気持ちを伝える意味
can	[軽い命令] 〜したらいいよ	[客観的な可能性] 〜がありうる
may	[許可] 〜してもいい	[主観的な可能性] 〜かもしれない
must	[命令] 〜しなければならない	[高い可能性] 〜に違いない
should	[意見] 〜すべきだ	[比較的高い可能性] 〜のはずだ

3 英語の「品」とは何か?

◆ 六大の順に品詞が並ぶ

第2節で、英語の品詞が6分類でき、それが、空海の六大、識・空・風・火・水・地に似ていることを述べてきました。私が不思議だと思ったことは、6品詞の自然な並び方が、六大の並び方に一致するということです。

Look　at　the very beautiful flower.
動　　前　冠　　副　　　形　　　名
[識]　[空]　[風]　[火]　　[水]　　[地]
(その非常に美しい花を見てね。) レベル1

この文において、最も話し手の心に関わる品詞は、これまでに述べたように動詞ですね。動詞がなかったら、この文は何を言いたいのかわからなくなります。

その意味で、動詞は文の動脈ともいえるし、心臓部ともいえます。心臓部つまり、「心」を宿した部分です。

品は「心」に関係しますので、英語の品のレベルも、最初の動詞に関わってくるのは、わかりますね。この部分が大切です。もし、気を使うような相手に、もう少し丁寧に、上記のことを言いたければ、動詞に please をつけます。

Please look at the very beautiful flower.
(どうぞ、その美しい花を見てください) レベル2

とにかく、英文は品のレベルに直接関わる動詞表現から始まっていますね。一般に、文が命令文でない場合、動詞は主語の次に現れます。命令文でも、一般の文でも、品を左右する動詞が前のほうに現れると言っていいと思います。それゆえ、英文法の世界では、英文の品を重視する構造になっているといえるでしょう。

◆ 日本語は助動詞まみれ？

動詞や助動詞が話者の心を表したり、相手の心に訴えたりするのに、有効な品詞であることがわかったと思います。

それゆえ、動詞と助動詞は、英語の「品」を代表する品詞であるといえます。

ここで、英語の助動詞と日本語の助動詞の違い根本的な違いを考えてみましょう。たとえば、次の日本語の文を観察しましょう。

　　私は勉強させられたくなかった。

この文は、＜代名詞（＝私）＋助詞（＝は）＋動詞（＝勉強する）＋複数の助動詞＞の形式になっています。実は、日本語は助動詞を複数用いることがけっこう多い言語なんですよ。

助動詞の部分を分析してみましょう。

　　私は勉強＋させ＋られ＋たく＋なかっ＋た。
　　　　　　使役　受身　希望　否定　過去

日本語は、使役も受身も希望も否定も過去も、動詞の意味を助けるものはすべて、助動詞を用いて表すのがわかります。一方、英語の場合は、過去を明確にする形で、助動詞 do を使用しているに過ぎません。先の日本語文の英訳をしてみましょう。

I did not want to be made to study.

　助動詞は did の部分です。これは過去を表す助動詞ではなく、助動詞 do の過去形を利用して、文の意味を過去にしているわけです。だから、厳しい観点で言えば、英語では、助動詞そのものの機能が使用されていないといってもいいのです。

◆ 英語は助動詞が、日本語は動詞が品に関わる!

　日本語の助動詞の意味を、英語ではどのように表されるのかを示してみましょう。

表37　日本語の助動詞を英語でどう表すか

使役	使役動詞を利用する
受身	＜be＋動詞の過去分詞＞を利用する
希望	want to do...の構文を利用する
否定	notなどの否定辞（副詞）を利用する
過去	動詞や助動詞の過去形を利用する

　実際の英文と、各文法項目の位置関係を確認しておきましょう。

I did not want to be made to study.
　過去否定　希望　　受身　　　使役

　つまり、純粋に助動詞を利用していないんですね。英語の助動詞はどこへ行ってしまったのかな？　という感じですね。
　英語の助動詞は、ほぼ純粋に自分の心の状態（＝物事の可能性を推量したりすること）や、相手の心に訴えかける動作（＝勧誘したり、

依頼したり、許可を得たりすること）を表すことに集中しているようです。

　つまり、英語の助動詞は、純粋に、英文法の「品」を決定しているといえるのです。一方、けっこう欲張りな日本語の助動詞は、品に関わる部分がほんの一部である（尊敬の助動詞「れる、られる」と推量の助動詞「だろう」があるぐらい）と考えられます。

　日本語では、相手に対する働きかけは、助動詞ではなく、動詞が中心となっています。たとえば、「言う」に対して「おっしゃる」、「来る」に対して「いらっしゃる」、「食べる」に対して「召し上がる」のように、動詞が品に関わっています。

4 英語の「格」を考える

◆ 名詞・代名詞の品格

英語の格については、「初めと私と1つ」に代表される「唯一」という概念が、その格を形作っているという話をしました。

ここでは、英文法の視点から、英語の格とは何か? を探ってみたいと思います。

偶然ですが、文法用語で「格」というものがあります。英語の場合は、3つの格が存在します。この格は、名詞と代名詞の両方に存在します。しかし、名詞は主格と目的格は同じ形です。名詞の所有格は＜アポストロフィ+s＞の形になります。

表38 英語の3つの格

格	機能	例
主格	「…が」の意味を表す形	I, he, we, student
目的格	「…を」の意味を表す形	me, him, us, student
所有格	「…の」の意味を表す形	my, his, our, student's

品格の格は「形」ということを、これまで述べてきましたが、英語の文法上の格も、まさに、「形」に関係することが、これでわかると思います。

英語は、名詞と代名詞にそれぞれの形がある（＝すなわち、格がある）ので、品格のうちの「格」は、名詞と代名詞、特に代名詞に表れているといってもいいでしょう。

まとめると、英語の「品」は、動詞と助動詞（主に助動詞）が、英語の「格」は名詞と代名詞（主に代名詞）が担っているといえます。

◆ アルファベットの不思議　その1

アルファベットをある法則で並べると面白いことがわかります。
　たとえば、母音字を左端にそろえるような形で、アルファベットを並べてみましょう。

表39「言葉の周期表」

	I	II	III	IV	V	VI
1	A	B	C	D		
2	E	F	G	H		
3	I	J	K	L	M	N
4	O	P	Q	R	S	T
5	U	V	W	X	Y	Z

　すると、各縦列に次のような特徴が見られます。
　I列　母音を示す文字　（そう並べたのだから当然ですね）
　II列　Jを除いてすべて唇音（唇を利用する発音）の文字
　III列　Wを除いてすべて軟口蓋音（K音やG音）の文字
　IV列　Dを除いてすべて文字の名前が［e］関連音で始まる
　V列　Yを除いてすべて文字の名前が［e］音で始まる
　VI列　Nを除いてすべて文字の名前が［iː］音で終わる

　また、各横列には次のような特徴が見受けられます。
　第1行　Aを除いてすべて上下対称の文字
　第2行　Eを除いてすべて3画の文字
　第3行　Jを除いてすべて直線からできている文字
　第4行　Tを除いてすべて曲線を含む文字
　第5行　Zを除いてすべて左右対称の文字

つまり、不思議なことに、縦列に音声的な類似が、横列に形態的な類似が見られるのです。

◆ アルファベットの不思議　その2

アルファベットを並べたら、非常にきれいな形が出来上がったという事実自体、英語の文字には、しっかりした「格」がある感じがします。

先ほどの表は、「言素の周期表」と私は名づけています。元素の周期表に似ているからです。「元素」にちなんで、「言素」といったのは、アルファベットの文字が、言葉の素になっているからです。

さて、今度は、同じ共通点を有する文字のグループに、アルファベットを区切ってみると、最初のAと最後のZが独立し、孤高を誇るのを除いて、まったく綺麗に整理できます。

A	言素番号1番ともいうべき神聖なる文字
BCDE	上下対称の文字
FGHI	画数3の文字
JK	[ei]の発音で終わる文字
LMN	[e]の発音で終わる文字
OPQRS	曲線を含む文字
TUVWXY	左右対称の文字
Z	発音法が2つある、アルファベット最後の記念すべき文字

どうもアルファベットというのは偶然に並んでいるようには思えません。神が並べたのではないかと思えるぐらいですね。ますます、英語の格が向上していく感じがしますね。

TIPS

さらに不思議に触れてみる

柔軟な頭の読者に問題を出しましょう。

次の4つの日本語表現の共通点は何でしょう。

「多目的」「因果応報」「子丑寅」「急がせる」

一見、関係なさそうな言葉ですね。ヒントを出しましょう。次の5つの英単語もまた、同様の共通点を持ちます。

 ultraviolet authorize unorganized voluntariness
 紫外線の 認可する 未組織の   自発性

答は、意外なところに着眼しない限り、難しいかもしれませんね。実は、どの表現もAEIOUの母音(字)を1つずつ含んでいるのです。このような単語は、よほど暇でないと見つかりませんよ。

日本語の「耐え忍ぶ」も5母音を含みますが、これはAEIOUの順になっている貴重なパターンです。また、英語のsequoia(セコイア)は、5母音字を含み、かつ、最も文字数が少ないというエレガントな単語です。

ここで、私が強調したいのは、非常に重要な概念が、偶然、5母音字から成り立っているということです。

 education 教育
 communicate コミュニケートする

私が研究している「英語学」もまた、5つの母音を1つずつ含んでいます。これを英語で表現すると、Study on English grammarになりますが、これもまた、5母音を含んでいます。

C O L U M N

イギリス上流階級の「品格ある英語」vol.7
～日常レベルの名詞も違う!?～

洋服だって違った呼び方♪

　上流階級とそれ以外の階級では、洋服の呼び方も違います。生活が違えば着る洋服の種類も違ってくるだろうし、洋服の名称の違いがあるというのは、なんとなく想像の範囲内ですよね。
　たとえばセーター。
　　上流階級では jersey
　　中流階級では sweater もしくは jumper
です。アメリカ英語では、日本と同様に sweater ですが、なんとアイリッシュは、イギリスの上流階級と同じ jersey が使われているんです。
　ジャケットの場合は何と表すでしょうか。
　　上流階級では tweed jacket
　　中流階級やアメリカ英語では blazer
です。
　日本人の男性の制服ともいわれるほど、普遍的に着られているスーツはどうでしょう。
　イギリスの上流階級では dark suit と呼ばれているのですが、中流階級では lounge suit となります。アメリカ英語では a suit。
　ちなみに労働者階級では、めったにスーツを着ないからでしょうか、「一張羅(晴れ着)」を表す表現と、スーツを表す表現が同じで one's Sunday best で表します。

面白いのはレインコート。
上流階級では、レインコートをなんとmackintoshと呼んでいる!!のです。アップル社のパソコン!と同じ名前ですね。
中流階級やアメリカ英語では、日本と同じくraincoatですが労働者階級ではshower proofがよく使われているようです。
あまり私たち日本の庶民には関係ありませんが、タキシードは
　　上流階級ではblack tie dinner jacket
　　中流階級ではdinner suit, dinner jacket
と呼びます。アメリカ英語ではa tuxedo、口語ではa tuxです。
コートも若干呼び方が違っているのですが、日本に入って定着しているのは、上流階級の英語のcoatのほう。中流階級ではovercoatと呼ぶんです。もっとも、アメリカ英語でもcoatは使いますから、日本の場合はきっと、アメリカ英語から取り入れたのでしょう。
「毛皮のコート」はイギリス上流階級もアメリカ英語でもfur coatといいますが、中流階級はfur stole。
「なければ凍え死ぬ」というわけではないのに、動物の命を奪って、剥いだ皮の上に生えている毛を楽しむなんて趣味が悪いですよね…。私たちは、こんなものを着る習慣は持たないようにしたいものですね!!

「妊娠しているの」はなんて言うか知ってる?

ロンドンの学校に通っていたとき、「妊娠しているの」は、
　I'm expecting.
と習いました。とにかく子供を育てたかった私は、「この表現はすぐに必要になるに違いない!」と思い、気合いを入れて覚えました。

しかしこの表現、なんと上流階級の人は使わないというのです!「そうなのね…」と気が抜けた思いでした。ちなみに上流階級では、

　　I'm having a baby.

で「妊娠しているの」という意味になるそうです。文法的には進行形を使って、「近い未来を表す」用法になりますが、使われる動詞はexpectではなく、haveなのですね。

　　中流階級では I'm pregnant.

　　労働者階級が使う頻度が高いのは I'm expecting a baby.

で、実は、

　　I'm expecting.

はアメリカ英語の表現とか。アメリカは経済大国ですから、言葉が逆輸入されていてもおかしくありませんね。

「娘と息子がいるの」

こんなことまで階級によって表現方法が異なるのか、と驚かれる方も多いと思います。

　　上流階級では I have a girl and a boy.

とごく普通に表しますが、

　　中流階級では I have a son and a daughter.

労働者階級では、sonやdaughterの代わりにladやlassを使ったり、そのままyoungstersで表したりするんですよ。ladは「兄ちゃん」、lass「姉ちゃん」ぐらいの感じでしょうか。

辞書には、lass「娘っ子」って書いてあるけど、もう死語だよね〜。「おい、そこの娘っ子」なんてだれかが言ってるの、聞いたことありますか?

あとがき

言語心理学の観点から「品格」について考える

　品格とは一体何なのでしょうか？

　三つの口からなるこの「品」という文字、白川静氏によると、もとは「神への祈り文である祝詞を入れるための入れ物」だったそうです。「たくさんの祝詞をいろいろな容器に入れること」を表している漢字、というわけですね。一方、「格」のほうは、神の祝詞を入れて拝んでいるときに「神が天から降りてくる」ことを表す意があるのだとか。これを「来格」というそうです。神が降りてきて、神意によって物事を「正す」ので、正しい言葉を「格言」というのだそう。正しいことを言うと嫌がらせを受けて「絡まれる」ことも多いため、「絡む」という意味で格闘技の「格闘」にもこの「格」が使われているとか…。

　「品」は「神にお供えするための神聖な容器」を表す言葉ですので、「品」の本質は、もともと絶対的な存在ではなく、「ささげる相手があってこその存在」という性質を内在しているといえるでしょう。

　一方、「格」に「絡む」意味があるとすれば、やはりこの語からも、「自己以外の他者とのつながり方」を感じさせる語だと思います。

　ただ、面白いことに、山野の奥深くにひっそりと咲くユリの花を見れば、きっと何がしかの神々しさとともに「品がある」という表現が浮かびますが、「格がある」とはだれも思わないでしょう。一方、ベンツに乗っている少々メタボ気味のおじさんを見て「品がある」とは思わないけれど、「格がある」ような気になるのは私だけでしょうか？

そのように考えると、一見同じような漢字なのですが、「品」は他者に見せるものではなく、むしろ「個人そのもののあり方」に関係し、一方、「格」は社会の中での位置づけ、もっとダイレクトに「人と人との関わり方を表す言葉」としてとらえられてきたような気がしてならないのです。品が「陰」なら格は「陽」といったところでしょうか。

　その２つの漢字が合わさった語である「品格」とは、きっと「１つの魂の入れ物としての一個人」が、「正しく他者と『絡む』」ことを表す表現なのかもしれませんね。ですから、無人島に１人でいるときにはきっと意識されないような類のものでしょう。「関われる相手」が存在したときに初めてあらわになる「人となり」である気がします。その「人となり」で大切なのは、神に対する畏敬の念のごとく、「自分以外のだれかを思いやる気持ち」がベースになっていることでは？　言い換えれば、「他人への関わり方の感受性が高い」ことが「品格がある」行為なのでしょう。

　「他人なくして存在しない」との点においては、まるで一時はやった「他人がいるから私が存在する」という内容の「自我論」のようで、私にはとても興味深く思えました。

　心には、「日常の生活で理性によって統括され意識されている領域」と「全く意識されない無意識という領域」がありますが、世間で言われている「品格」という言葉からは、「意識の分野」だけが扱われているような印象を受けます。フロイトのいうところの「決して意識されない領域である無意識」は一見、品格とは関係がないように思われますが、本当にそうでしょうか？

　怒りや熱愛や性欲や嫉妬や競争心などという、強烈で理性とは程遠い感情は、ほとんどすべての人が経験したことがあるはずなのです。このような感情を無視して、「品格」を語っていいものなのでしょうか？　たとえば、もし、こういった人間に本来備わっている「生きるエネルギー」ともいうべき扱いにくい感情を「品格ある人間」でいるために否定して押し込めてしまえば、心が苦しくて病気になったり、ノイローゼになったりしてしまうでしょう。

　大切なことは、理性の部分だけで取り扱えるような行動に「品格」という

あ と が き

基準を当てはめて生きるのではなく、自分の中に「どろどろの感情エネルギー」があることを十分理解した上で、その無尽蔵なエネルギーも含めて自分なのだと受け止め、それをなんとか意識に統合したり、コントロールしたりできるよう努力することだと思います。

　人間の心の在り様は決して一定ではなく、常に「品のない状態」から「最高に品がある状態」まで変化する可能性をもっています。それでもなお、相手を思いやり、なんとか相手に通じるコミュニケーションの方法を探るという努力そのものが「品格ある」生き方になるのでしょうね。
　そういう意味では、一見「品格がある」と思われがちな「英国貴族の英語」が実は横柄だったり、労働者階級が使う言葉と同じだったりというのは、逆説的でとても面白いですね。
　英国貴族の英語に関しては、ベニシア・スタンリースミスさんに大変お世話になりました。本当にありがとうございました。ベニシアさんは英国貴族のご出身でありながら、貴族の華やかな暮らしよりも、愛する夫と子供と愛するハーブに囲まれた京都大原での暮らしを選ばれた方です。自分の魂の要請にしたがって真摯に生きるその姿は、とても「品」があり素晴らしいと思えました。彼女の生き方は『ベニシアのハーブ便り』（世界文化社）に詳しく書かれています。ぜひ、皆さんにも読んでいただきたい、愛あふれる素晴らしい写真とエッセイの珠玉の１冊です。
　最後になりましたが、しり込みする私を私を温かく励まし、このような素晴らしい本で原稿を書く機会を与えてくださいました近畿大学の石井隆之教授と編集者の松居奈都さんに、心からのお礼を述べたいと思います。
　本当にありがとうございました。

白石 よしえ

付録　お勧めの品格表現24

※品格度： レベル0　レベル1　レベル2　レベル3

>●失敗した人に
>成功のためには失敗は必要だよ。

→ It takes A to do...が使える。

It takes failure to achieve success.　　　　　　　　　　　レベル3

>●不完全な成果にがっかりしている人に
>完全である必要はないです。いつも完全な人だったら、
>むしろ近づきにくいですよ。

→ There is no need...を使い、「不完全」のいい面を示す。

There is no need for you to be perfect.
If you are perfect all the time, it would be hard for me to be close to you.
　　　　　　　　　　　レベル3

>●困難に直面している人を激励するときの表現
>人生の目的は困難を除くのではなく、困難を通して実りあるものを
>生み出すことだと思うよ。

→自分の確信を述べる。文を和らげる I believe を用いる。

I believe our purpose in life is not to get rid of suffering, but to create something fruitful through suffering.　　　　レベル3
※ I believe がないと［レベル2］

>●優柔不断な人に
>(a)「しようとする」のではなく「してくれ」。
>(b) ごちゃごちゃ考えずに、実行しては？

→単純な言い方で効果を狙う。

(a)Don't try. Just do it!　　　　　　　　　　　レベル1
(b)Don't think about doing it, just do it!　　　　レベル2

151

| 付 録 | お勧めの品格表現24

●ばかにされたりして、腹が立っている人に
100年後の世界を考えてみたらどうかな?
あなたはここにはいないけれど、あなたが嫌いな人もいないよ。

→ 100年後を考えてみると面白い。

Why don't you think about the world 100 years from now?
You may not be here, but those you hate won't be here either.

レベル3

●悩みが深くどうしてよいのかわからなくなっている人に
あなたが最も尊敬する人があなたの今の状況に対してどのように
対処するか、考えてみたらどうだろうか。
※自分は、こんなことで悩んでいて「器が小さいな」と思った瞬間、悩みは少し軽減するでしょう。

→その人の尊敬している人に解決してもらうという発想を用いる。

Why don't you think about how the person you respect most
would deal with the difficult situation you are in now?

レベル3

●きちんと聞いてほしいと、相手に言うユニーク表現
君は、うわの空だね。
(=ボーッと聞いているだけで真剣に聞いてないね)

→ hearとlisten の使い分けをする。

You are just hearing me but not listening to me!　　レベル1
※これは目上の人には言わないほうがよい。友人向けの表現。

●相手の話し方を批判するユニーク表現

話の筋が通ってないよ。
（＝漫然と話しているだけで、話がわかりにくいよ。）

→ talk と speak の意味の違いを利用する。

You are just talking but not speaking.
I mean to speak to the point.   レベル1
※これも目上の人に言わないほうがよい。友人向けの表現。

●自己紹介で性格をユニークに導入する方法

私は単なる楽天家ではないです！
（＝楽天家の中の楽天家です）

→イディオムを使って自分の性格を強調する。

I am optimistic with a capital O.   レベル3
cf. He is honest with a capital H.（彼は正直にばかがつく）

●自己紹介で弱点をジョーク的に言う方法

(a) 私の弱点は、楽天的過ぎて弱点が見つからないところです。
(b) 私は長い話を短くするより、短い話を長くしてしまう傾向があります。（＝「お喋り」ということ）

→ (a) ジョーク的な方法と (b) イディオムを活用する方法。
　 (a) に This is a joke. を付け加えると、尊大さが消えて [レベル3]

(a) My weak point is that I am too optimistic to find
any mistakes.   レベル2
(b) I tend to make a short story long rather than to make
a long story short.   レベル3

153

| 付 録 | お勧めの品格表現24

> ●理性的に考えると拒否すべきだと表明するためのユニークな方法
> (a) 心では賛成ですが、頭では反対です。
> (b) 私の右脳では賛成ですが、左脳では反対です。

→ (a) 情的には賛成だが、知的には反対、
　(b) 右脳では賛成だが、左脳では反対という2つの方法がある。[(a) のほうが自然]

(a) My heart says yes but my mind says no.　　　　　レベル3

(b) My right brain says yes but my left brain says no.　　レベル3

> ●ある質問に対して、Yes とも No とも言えるとき
> (a) 迷っているんです。
> (b) 両面があります。賛成理由は…だから、反対理由は〜だからです。

→ (a) 迷っていることを強調する方法と
　(b)Yes と No の理由をはっきり述べる方法の2つ。

(a) I'm in two minds.[直訳 = 私は2つの心にある]　　レベル2

(b) Yes and No. Yes means … and no means 〜 .　　レベル2

> ●感謝を表明するジョーク的表現
> 私のまずい英語に耐えていただいた優しさに感謝します。

→英語のまずさをわびる日本的な方法を紹介しよう。

Thank you for your kindness in putting up with my poor English.

　　　　　　　　　　　　　　　　　　　　　　　　レベル2